KB138392

봉고 듣고
말하는
호락호락
한국사

보고 듣고 말하는
호락호락 한국사
❶ 우주 탄생에서 고조선까지

1판 2쇄 발행   2019년 6월 1일

글쓴이	문원림
그림	이진호
캐릭터	윤소
감수	이익주

펴낸이	이경민
펴낸곳	㈜동아엠앤비
출판등록	2014년 3월 28일(제25100-2014-000025호)
주소	(03737) 서울특별시 서대문구 충정로 35-17 인촌빌딩 1층
전화	(편집) 02-392-6901 (마케팅) 02-392-6900
팩스	02-392-6902
전자우편	damnb0401@naver.com
SNS	🅕 🅞 blog

ISBN 979-11-87336-44-0 74900
    979-11-87336-43-3(세트)

※ 책 가격은 뒤표지에 있습니다.
※ 잘못된 책은 구입한 곳에서 바꿔 드립니다.
※ 이 도서의 국립중앙도서관 출판예정도서목록(CIP)은 서지정보유통지원시스템 홈페이지(http://seoji.nl.go.kr)와
   국가자료공동목록시스템(http://www.nl.go.kr/kolisnet)에서 이용하실 수 있습니다. (CIP제어번호 : CIP2017018314)

도서출판 뭉치는 ㈜동아엠앤비의 어린이 출판 브랜드로, 아이들의 지식을 단단하게 만들어주고,
아이들의 창의력과 사고력을 키워주어 우리 자녀들이 융합형 창의 사고뭉치로 성장할 수 있도록
좋은 책을 만들겠습니다.

보고 듣고 말하는 흐락오락 한국사

①
우주 탄생에서 고조선까지

문원림 글 | 이진호 그림 | 이익주 감수

뭉치
MoongChi
Books

귀를 기울여 봐, 호락호락 역사가 들려!

『호락호락 한국사』를 읽는 친구들, 안녕!

나는 이 책에 등장하는 모든 이야기꾼이야. 지구도 됐다가 씨앗이 되기도 하고, 아이가 됐다가 어른이 되기도 하지. 세계 최초로 세상 무엇으로도 변신 가능한 이야기꾼이라고나 할까?

스물여덟 이야기꾼이 들려주는 이야기는 아주 다양하지만 주제는 단 한 가지! 우리 역사란다. 우리 땅에서 일어난 중요한 일을 시간의 흐름에 따라 옛이야기 하듯 재미있게 하고 싶었어. 옆에서 누군가 속닥속닥거리는 것처럼 말이야.

역사를 처음 만나는 어린 친구들은 어른들이 만든 어려운 역사 용어나 끝도 없이 기~다란 연표 때문에 역사 공부에 겁을 먹더라고. 그리고 재미난 사연 하나 없이 무더기로 나오는 문화재와 고만고만한 왕들의 비슷한 이야기에 질린다는 얼굴을 하더구나. 게다가 왜 그런 일이 일어난 건지 제대로 된 설명도 없이 역사적인 사건들이 툭툭 튀어

나와 이해하기 힘들다고도 하더라.

아, 도대체 왜 그래야만 하는 거지? 역사는 사람들이 살아온 이야기인데……. 이야기는 원래 재미있는 거잖아? 수학처럼 딱딱한 것도 아니고 영어처럼 반복해서 외워야 하는 것도 아니잖니?

그래서 나, 타고난 이야기꾼은 생각하고 또 생각했지. 어떻게 하면 어린 친구들이 우리 역사를 즐거운 수다로 받아들이며 두 눈을 반짝일지 말이야.

그~래, 어려운 역사 용어는 쉽게 풀어서 주눅 들지 않게 하자, 그리고 기다란 연표는 중요한 인물이 어느 때에 나와 무슨 사건이 벌어졌는지 확인할 수 있게만 해 주자고 마음먹었어. 물론 내가 쓴 연표도 길~어. 그런데 절대 외우지 마! 그냥 흐름만 눈여겨보면서 이야기를 떠올리는 게 더 중요하니까.

그리고 위인들 이야기는 꽤 들어서 알고 있는 듯해도 그 사람들이 어느 시대 누구와 어떤 일을 했는지 잘 모르는 친구들도 있더라? 하도 많은 사람들이 나오고 전쟁은 수없이 벌어지니까 강감찬과 이순신이 함께 왜구를 물리쳤다는 친구들도 있더라고. 이렇게 역사 지식이 뒤죽박죽된 건 사람과 사건을 이어 주는 이야기도 모른 채 냅다 외우기만 하다 헷갈리게 된 거지.

역사적으로 중요한 사건은 그냥 갑자기 일어나지 않았어. 다 원인이 있었지. 그래서 나는 배경 설명을 좀 더 확실하게 하기로 했어. 그리고 그 결과는 어찌 됐으며 또 다른 사건과 어떻게 이어진 것인지도 풀어놓았어. 모든 이야기는 앞과 뒤가 있어야 이해할 수 있으니까. 그러다 보니 정말 왕수다를 떨게 되더라.

그런데 유명한 사람들의 이야기만 하다 보니 그때 살았던 백성들의 모습이 잘 안 떠오를 거 같더라고. 그래서 역사의 그림자처럼 가려졌던 사람들과 백성들의 이야기 그리고 백성들이 즐겼던 옛이야기까지 실어 놓았지. 역사는 왕이나 위인들만 만든 게 아니라 수많은 이름 없는 사람들도 함께 만든 거니까.

자, 그럼 모두 7권으로 된 『호락호락 한국사』는 어떤 순서로 이야기를 풀어 가는지 가르쳐 줄게. 각 권마다 4장의 이야기를 실었는데 각 장마다 그 이야기를 가장 잘 전할 이야기꾼이 나와서 이야기를 들려준단다. 그리고 제목에 걸맞게 '호락호락 토론방'을 만들었는데 너희 또래의 그렇군과 딴지양이 각 장마다 주제를 정해서 궁금한 것을 막~물어봐. 대답은 누가 하냐고? 주제에 대해 잘 아는 역사적인 인물은 죄다 불러 모았으니까 염려 마. 난 누구든 부를 수 있는 능력자거든.

그렇군과 딴지양은 토론방에서 이야기를 나누며 떠오른 생각을 자신들의 블로그에 올리고 그 블로그를 읽은 아이들은 댓글을 달지. 가끔 어른들도 들어와 글을 남기는데 너희들이 질색할 잔소리는 없으니 안심해.

각 시대마다 꼭 기억해야겠다 싶은 건 '한눈에 쏘옥!'에 정리했으니까 정말 한눈에 쏘옥 넣어 기억상자에 차곡차곡 쟁여 놓길 바란다. 그리고 세상에는 어떤 일이 벌어지고 있었는지 알려 주는 '그때 세계는?'도 있으니까 슬쩍 들여다보렴. 우리 역사는 세계의 역사와 발맞추어 왔기 때문에 세계사를 확인하지 않는 건 절름발이 역사를 배우는 거나 마찬가지거든.

이 책은 이야기꾼이 혼자서 만든 것이 아니라 여러 선생님들이 도와주셔서 나오게 되었어. 이 책의 기획단으로 원고를 함께 읽고, 그림을 찾고, 낱말을 풀이하느라 애를 쓰신 이남지 선생님, 이수경 선생님, 오재연 선생님! 그리고 그림을 그리느라 고생하신 이진호 선생님 모두 모두 고마운 분들이지.

그리고 진짜 고마운 사람들은 이 책을 읽을 어린 친구들이야. 부디 이야기에 흠뻑 빠져서 우리 역사로 마음이 쑥쑥 자라나길 바란다. 모두가 함께 누리는 희망찬 미래를 열 주인공들은 바로 너희들이니까!

2017년 5월
눈부신 햇살 아래에서
역사 이야기꾼이

✕ 차례 ✕

작가의 글 • 4

1장 혼돈에서 세상이 시작됐어
지구가 들려주는 이야기

지구의 생일 • 12
세 번째 행성의 행운 • 15
박테리아는 최초의 생명체 • 18
바닷속 생명체들 • 21
육지로 간 생명체들 • 23
가장 늦게 태어난 생명체, 인간 • 27

호락호락 토론방 – 모든 생명체는 한 가족일까? • 29
한눈에 쏘옥! – 우주와 생명체 탄생 달력 • 42

2장 구석기인은 늠름한 사냥꾼이 되었지
돌이 들려주는 구석기 이야기

인간은 초라한 도망자 • 46
진짜 늠름한 사냥꾼 • 49
한반도에 등장한 구석기인 • 54
창의성이 뛰어난 구석기인 • 55

호락호락 토론방 – 원시인은 야만인일까? • 58
한눈에 쏘옥! – 구석기인들은 한반도 곳곳에서 살았어 • 70
　　　　　　구석기 시대에 쓰인 뗀석기들 • 71
그때 세계는? – 구석기인들은 세계 곳곳으로 퍼져 나갔어 • 72

3장 신석기인은 씨앗의 비밀을 알게 됐어
씨앗이 들려주는 신석기 이야기

엄마 품속 같은 날씨 • 77

모든 걸 확 바꾼 곡식 씨앗 • 82

사냥 대신 농사 • 83

동굴 대신 움집 • 85

가죽옷 대신 실로 짠 옷 • 88

천연 장신구 • 90

사라져 가는 신석기인의 선물 – 반구대 암각화 • 93

호락호락 토론방 - 문화재가 식수보다 중요한 걸까? • 104
한눈에 쏘옥! – 신석기인은 사는 모습도 달라졌지 • 120
그때 세계는? – 옛사람들은 바위에 흔적을 남겼어 • 122

4장 청동기인은 고조선을 세웠지
청동검이 들려주는 청동기 이야기

금속이 또 한 번 바꾼 세상 • 126

청동기 마을 • 132

우리 땅에 세워진 첫 나라 고조선 • 136

고조선의 범금 8조 • 141

고조선 영역 • 145

청동으로 빚은 예술품 • 149

호락호락 토론방 - 고조선은 왜 망한 걸까? • 152
고조선, 장렬하게 죽다 • 160
한눈에 쏘옥! – 청동기인은 모든 것을 힘으로 결정했지 • 166
그때 세계는? – 이곳에서 세계의 문명이 시작되었어 • 168

연표 • 170
찾아보기 • 172
참고한 책들과 사진 출처 • 176

150억 년 전
빅뱅

46억 년 전
지구 탄생

350만 년 전
인간 탄생

1장

혼돈에서 세상이 시작됐어

나는 첫 번째 이야기꾼인 지구야.

내가 들려줄 이야기는 세상 모든 것의 탄생에 대한 이야기야.

우리 친구들이 살고 있는 지구가 어떻게 생겨났는지,

인간은 어떻게 태어났는지 그 이야기를 해 줄게.

자, 모두 나를 따라와!

지구가 들려주는 이야기

짜자잔~ 『호락호락 한국사』를 읽는 친구들, 안녕! 난 첫 번째 이야기꾼인 지구야. 내가 첫 번째 이야기꾼이라니, 정말 영광인걸. 그런데 곰곰 생각해 보면 이건 너무나 당연해. 왜냐하면 이 세상의 모든 생명체가 내 품 안에서 살고 있잖아? 헤아릴 수 없이 많은 식물과 동물들 그리고 70억이나 되는 어마어마한 사람들이 이 넉넉한 지구 품에서 먹고 잔단 말이지. 하, 이렇게 말해 놓고 보니 내가 꼭 엄마 같지 않니? 어이쿠, 자랑만 하다 해야 될 이야기를 놓쳐선 안 되지.

지구의 생일

애들아, 아주 길고 긴 역사 이야기에서 내가 들려주려는 건 세상이 어떻게 생겨났는지, 또 인간은 어떻게 태어났는지에 대한 거야. 너희들도 생일이 있듯이 이 세상의 모든 생명체는 생일이 있다는 거지. 다만 이 세상이 처음 생겨날 때는 아무도 살지 않았기 때문에 한참

후에야 탄생 이야기가 만들어졌어. 과학자들이 지구에 남아 있는 흔적들을 모으고 모아서 여러 가지 이론을 내놓았거든. 그 이론들 중에서 **빅뱅 이론**과 **진화 이론**에 대해서 이야기하려고 해. 왜냐하면 이 이론들은 옳은 것으로 드러나고 있기 때문이야.

자, 모두들 내 생일 이야기에 귀를 기울여 줘.

내가 태어난 때는 아주 까마득한 아니 그보다 훨씬 더 먼~옛날이었기 때문에 약간의 상상력이 필요해. 살짝 눈을 감아 볼래? 그리고 상상해 봐! 너희들이 갈 수 있는 가장 멀~리 그리고 너희들이 상상할 수 있는 가장 넓은 공간을 만들어 보는 거야.

바로 그곳에 어디에서 왔는지 아무도 모르지만 **물질**이라는 것들이 하나의 커다란 덩어리로 뭉쳐 있었대. 아주 오래전 넓디넓은 공간에 부풀어 오를 대로 부풀어 오른 커다란 덩어리가 보이니? 곧 무슨 일이 일어날 것 같은 엄청나게 큰 덩어리 말이야.

"콰과광~~쾅쾅!"

우하, 그 큰 덩어리가 대폭발을 일으켰어!!!

폭발 소리는 천둥이 수천억 개가 모여서 내는 것보다 더 컸을 거야. 폭발하는 순간의 빛은 너희들이 이제껏 보아 온 불꽃놀이보다 수천억 배는 더 밝았을 거고. 눈이 부셔서 지금까지 눈을 제대로 못 뜨고 있다면 정말 제대로 상상한 거야. 이것이 바로 대폭발로 우주가 태어났다고 하는 '빅뱅 이론'이야. 과학자들은 대폭발이 150억 년 전에 일

빅뱅 이론
아주 오래전 대폭발이 일어나 지금의 우주가 되었다는 이론이야.

진화 이론
생명체가 나쁜 환경을 이기고 살아남는 것을 진화 이론이라 하는데 환경에 따라 작고 단순하게 변하기도 하고 더 못생기게 변할 수도 있대.

물질
일정한 모양과 크기를 지닌 물체의 본바탕이야. 예를 들면 책상은 물체고 책상을 만든 물질은 나무가 되는 거지.

150억 년 전 우주 대폭발

어났다고 하지.

대폭발로 무슨 일이 벌어졌을까? 수많은 별들이 태어났어. 셀 수도 없이 많은 별들이 이 우주를 가득 채웠지. 이 별들이 모여서 은하를 만들었는데, 그 은하가 2000억 개가 넘을 거래. 게다가 우주 어디에선가는 아직도 폭발이 계속되어 더 커지고 있는 중이라니 이 우주는 도대체 얼마나 큰 것일까? 나, 지구도 그때 태어났느냐고? 아~니, 아직. 내가 태어나려면 수많은 별들이 태어나고 사라지기를 반복하고 또 반복해야 돼.

우주는 별들이 생겨났다 사라지느라 아주 오랫동안 시끄러웠지. 그 가운데 우리 은하가 생겨나고 그 은하 안에 우리의 태양이 생겨났어. 그리고 46억 년 전 어느 날 나, 지구도 태어났단다. 모두들 축하해 줘! 지금 축하 노래 부르는 친구에겐 자다가 피자 먹을 일이 생기길!

그런데 나는 인간에겐 대단한 존재일지 모르지만 우주에서 보면 태양을 따라 도는 작은 행성일 뿐이야. 행성은 또 뭐냐고? 음, 아주 좋은 질문이야. 나처럼 태양을 따라 도는 별을 행성이라고 하는데 태양은 왕처럼 수성, 금성, 지구, 화성, 목성, 토성, 천왕성, 해왕성이라는

은하
수십억 개의 별이 모여 만들어진 별들의 무리야.

8개의 별을 거느리고 있어. 이 별들의 모임을 우리 태양계라고 하는 거지. 그런데 꼭 '우리 태양계'라고 해야 하느냐고? 그건 우주에는 태양계가 너무 많아서 구분을 하느라고 그랬어. 그런데 왜 명왕성이 빠졌냐고? 오호, 뭘 좀 아는 친구로군. 명왕성은 개구쟁이 별이었나 봐. 궤도를 많이 벗어날 때도 있고 너무 작기도 해서 행성에서 빼 버렸대. 그런데 우리 태양계에선 명왕성을 빼 버렸다고 생각하지만 명왕성은

"이 몸은 이제 자유라고 전해라~."

이럴지도 모르지.

우리 태양계

세 번째 행성의 행운

나는 세 번째 행성이지만 바로 그것 때문에 행운의 별이 되었어.

왜 그런지 앞에 있는 태양계 그림을 다시 한 번 잘 보렴.

마치 트랙을 도는 선수들처럼 자기 자리를 일정하게 돌고 있는 여덟 행성들의 색깔이 보이니? 그중에서 신비로운 푸른색으로 빛나는 별은 나, 지구 하나밖에 없잖아?

왜 그럴까 생각해 봐. 태양은 지름이 지구의 100배나 되는 크기에다 이글이글 타오르는 별이야. 내가 수성이나 금성을 제치고 첫 번째 줄에 있었다면 너무 뜨거워서 생명체가 살 수 없었을걸?

수성과 금성이 태양에 더 가까우면 뭐하니? 수성은 추울 땐 영하 180도고 더울 땐 420도까지 올라가는데 어떤 생명체가 견딜 수 있겠어? 금성 역시 이산화탄소라는 가스로 가득 찬, 행성 중에서 가장 뜨거운 별이라서 생명체가 살 수 없는 별이지. 나보다 1300배나 큰 목성은 크기만 컸지, 가스로 가득찬 별이라 단단한 표면이 없어서 발을 디딜 수도 없다고.

나, 지구는 세 번째 행성으로 뜨겁지도, 차갑지도 않은 적당한 거리에 있어서 생명의 별이 될 수 있었던 거야! 아, 그렇다고 오해는 하지 마. 태어날 때부터 내가 푸른 별이었던 건 아니야. 내가 별들의 폭발로 생겨난 걸 잊으면 안 되지. 46억 년 전에 나는 아주, 아주 '뜨거운 별'이었어. 1300도의 마그마가 펄펄 끓는 마그마의 바다였지. 주변은 온통 가스와 먼지 구름으로 뒤덮여 생명체가 살 수 없었어. 게다가 여기저기서 운석이 떨어지고 화산까지 폭발해서 "꽈다당 쿵 쾅!"

마그마
돌이 녹아 만들어진 펄펄 끓는 물질로 땅 속 깊은 곳에 있어.

운석
별똥별이라고 하지.

"푸지직, 파지직, 푸후~."

이런 무섭고 시끄러운 소리와 함께 가스 냄새만 진동했으니까. 그야말로 혼돈 그 자체였어.

그런데 말이야, 마그마에서 나오는 못 견디게 뜨거운 열기가 후우욱, 후우욱 위로 올라가더니 놀라운 일을 만들어내더라. 뜨거운 열기가 태양빛을 막고 있던 두터운 구름층을 만나더니 비가 됐던 거야. 좍좍 쏟아져 내리는 비는 뜨거운 나, 지구를 식혀 주었지. 어찌나 시원하던지!

푸지직,
파지직,
푸후~

1300도

이렇게 비가 내린 건 구름층이 다른 별들보다 훨씬 아래로 내려와 있어서 내가 뿜어내는 열기와 만나기 쉬웠기 때문이야. 태양으로부터 적당한 거리에 있었던 것이 첫 번째 행운이라면, 두터운 구름층이 내려와 있었던 것은 두 번째 행운인 셈이지. 이렇게 운 좋은 별에 태어난 너희들도 역시 행운아들이란다.

비가 억세게 내려 주고 바람이 힘차게 소용돌이쳐 준 덕분에 뜨거웠던 나는 천천히 식어 갔지. 믿을 수 없을 정도로 오랜 시간이 걸리긴 했지만 말이야. 비 한 방울, 바람 한 줄기 그리고 시간이 나를 푸른 별로 만들어 주었어. 정말 고맙고 소중한 인연들이지.

1300도의 마그마가 펄펄 끓던 나는 천천히 식으면서 쭈글쭈글해졌어. 하지만 나는 이 모습에 만족해. 여러 가지 모습을 한 재미난 쭈

글탱이가 됐거든. 마그마가 굳으면서 바위가 만들어지고 산과 계곡도 만들어졌으니까. 줄기차게 내린 비 덕분에 바다도 생겼어. 이제 이 바다 안에서 친구들이 깜짝 놀랄 일이 벌어질 거야. 바닷속 이야기를 들으면 누구든 이렇게 말하게 될걸!

"헐~!"

1300도로 펄펄 끓던 지구 → 지구의 현재 모습

박테리아는 최초의 생명체

몇 억 년 동안 계속 식기는 했지만 그래도 나, 지구는 아직 가스로 들끓는 뜨거운 상태였는데…… 세상에나, 펄펄 끓는 바닷속에서 이 세상 최초의 생명체가 태어났어!

"헐~"이라 할 만하지? 그런데 이제 겨우 시작일 뿐이야. 앞으로도

계~속 놀라게 될걸?

최초의 생명체 이름은 박테리아야. 박테리아는 뜨거운 물을 먹이 삼아 어떻게든 살아남으려고 애를 썼어. 열악한 환경이지만 좀 더 나은 모습으로 잘 적응하려고 갖은 노력을 했지. 우리가 세균이라고 부르는 박테리아가 말이야. 정말 기특하지 않니?

녹색 조류
물속에 사는 녹색을 띤 식물이야.

광합성
녹색식물은 햇빛을 받아들여 영양분을 만드는데 이걸 광합성이라고 해.

그 노력 덕분에 다양한 박테리아가 생겨났는데 그들 중에선 특별한 선택을 하는 박테리아도 있었어. 자기보다 큰 세포 속으로 들어가서 **녹색 조류**가 된 박테리아도 있었거든?

식물인 녹색 조류는 **광합성**을 해서 산소를 만들어내는 일을 했어. 산소는 친구들이 날마다 마시고 있는 거니까 따로 설명이 필요 없겠고, 광합성이라는 말이 낯선 친구들도 있을 테니 그건 좀 설명해야겠지?

녹색 조류가 하는 광합성이란, 빛을 이용해서 자기들이 쓸 에너지를 만들어내는 거야. 너희들이 밥을 먹어야 힘이 나는 것과 똑같은 거지. 그런데 녹색 조류는 자기만 쓰는 에너지를 만든 것이 아니야. 그때 바다와 대기 중엔 여러 가지 가스들로 그득했는데,

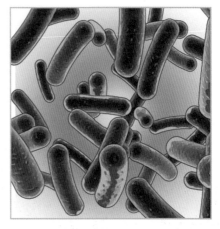

박테리아

지독한 냄새를 풍기는 독가스들도 있었어. 이산화탄소는 그 독가스 중 하나인데 녹색 조류는 그걸 마시고 산소를 만들어 주는 대단히 고마운 청소부였어.

광합성을 할 때 빛을 이용했다고 했는데, 이때 이용한 빛이 바로 태양빛이야. 뜨거운 열기와 구름이 만나 비가 됐다고 했던 거 생각나니? 구름이 비가 되면서 구름층이 뚫렸는데, 그 사이로 태양빛이 내리쬐며 바닷속의 녹색 조류에 가 닿았던 거지.

이 운명적 만남으로 바다는 다른 수많은 생명체가 태어나는 공간으로 바뀌었어. 이제 광합성을 하는 식물을 보거든 꾸뻑 절을 해야 하지 않을까? 그리고 남을 위해 훌륭한 일을 하는 사람에게 "당

신은 녹색 조류 같은 사람입니다. 당신이 한 일을 칭찬하기 위해 이 녹색 조류 상을 드립니다"라고 말한다면 그 사람도 영광으로 생각할 거야.

바닷속 생명체들

아무튼 녹색 조류 덕분에 바닷속에 산소가 그득해지면서 새로운 생명체들이 속속 태어나기 시작했어. 그중에서 너희들도 잘 알고 있는 삼엽충을 좀 볼까? 삼엽충은 등뼈도 없는 작은 동물이었지만 1억 년이나 바다를 휘젓고 다녔어.

그다음에 나타난 것도 뼈가 없는 말랑말랑한 연체동물이었는데 머리가 다리에 달려 있었어. 괴물이냐고? 아니, 두족류라 불리는데 너희들도 음식으로 많이 먹는 거지. 너희들이 좋아하는 반찬이 되기도 하고, 휴게소에서 구워 팔기도 하는 오징어가 바로 두족류야. 그런데 이때의 오징어는 8미터가 넘는

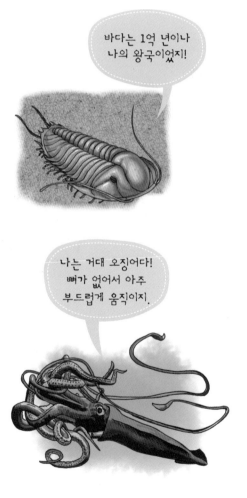

바다는 1억 년이나 나의 왕국이었지!

나는 거대 오징어다! 뼈가 없어서 아주 부드럽게 움직이지.

21

거대한 몸집을 갖고 있어서 아주 오랫동안 바다의 왕좌를 지키고 있었어. 다른 생명체들은 두족류에 눌려 숨을 죽이고 있었대.

그러나 새로운 생물의 도전은 계속됐어. 이번엔 피부에 딱딱한 갑옷을 입힌 갑각류들이 등장했지. 3미터가 넘는 바다 전갈이 나타난 거야. 이 무서운 생물 때문인지, 아니면 바다 환경이 바뀌어서인지 몰라도 두족류들은 작아지면서 그 수도 많이 줄었어.

나는 갑옷으로 무장한 바다 전갈이야. 덤빌 자 누구냐?

그 틈에 등장한 것이 등뼈가 있는 동물이었어. 갑각류까지는 뼈가 없는 무척추동물이었지만 이젠 척추동물이 나타난 거지. 이것은 아주 획기적인 대사건이었어! 왜냐하면 이 사건 덕분에 많은 생명체들은 뼈대를 갖출 수 있게 되었거든. 이 대사건의 주인공은 누굴까? 힌트를 주자면 너희들의 반찬으로 자주 오르는 거야. 오늘 아침에도 먹었을지 모르지. 엄마가 가시를 하나하나 발라 주는 건데…… 생선?
그래, 하지만 그건 먹거리일 때 그렇게 부르는 거고 물고기라고 하는
게 맞아. 이제 물고기라고 얕보면 안 되겠지? 물고기는 이래 봬도 뼈
대 있는 집안이잖니? 네 등뼈도 이분들 덕분에 생긴 거란다. 물고기
는 뼈대를 갖추면서 척추동물의 선조가 된 거야. 버스만 한 오징어와
무시무시한 바다 전갈들 속에서 전전긍긍하며 뼈대와 아가미를 만
들었을 물고기를 생각해 봐. 얼마나 기특하고 눈물겹니?

우리는 뼈대 있는
집안이다!

육지로 간 생명체들

한편 육지에서도 새로운 도전이 시작됐는데 바위에 찰싹 달라붙
은 이끼가 그 주인공이야. 이끼의 용감한 육지 상륙 작전은 성공적이

었어. 이끼의 광합성으로 육지에도 거대한 숲이 만들어졌거든. 뭐?
그 숲에 놀러가고 싶다고? 아서라~ 얘들아. 그곳엔 손바닥보다 큰
하루살이에 독수리만 한 날개를 가진 잠자리가 있단다. 하루 종일
"꺄~~악, 꺅."
하고 소리 지르기 바쁠걸?

이끼의 대성공 때문이었을까? 용감한 선택을 하는 무리가 또 있
었어. 물속과 땅 위를 오가며 사는 양서류가
나왔는데 대표적인 동물은 개구리야.

개구리는 꼬물꼬물 올챙이로 헤엄칠 때
는 아가미로 숨을 쉬지. 그런데 말이야, 뒷
다리가 쑥 앞다리가 쑥 팔짝팔짝 개구리가
되어 육지로 올라왔을 땐 어떻게 숨을 쉬었
을까 궁금하지 않니? 놀랍게도 개구리는 허
파라는 듣지도 보지도 못한 기관을 하나 달

나는 허파를 발명한
창의성의 달인이지!

고 나와 육지에서도 거뜬하게 숨을 쉬었어. 정말 창의적이지 않니? 얘들아, 함부로 연못에 돌 던지지 마라. 창의성의 달인이 살고 계시니까.

이렇게 생명체가 태어나는 동안 날씨가 여러 번 바뀌었어. 춥고 건조해지니까 축축하던 땅이 아주 딱딱해졌지. 그러자 이번엔 말캉말캉한 알이 아닌 단단한 껍질을 씌운 알을 낳는 파충류가 나왔어. 거북이, 뱀, 악어 그리고 공룡이 나왔는데 공룡은 아주 오랫동안 이 세상을 쿵쾅거리면서 다녔지. 그리고 잠자리의 날개에서 힌트를 얻었는지 그 육중한 몸을 하늘에 띄우는 날개 달린 익룡도 나타났고 말이야. 다양한 모습의 공룡들이 육지와 바다 그리고 하늘까지 점령하여 1억 6000만 년 동안 왕좌를 지켰는데, 어느 날 대재앙을 맞아 모두

내가 인간들보다 더 오래 지구의 왕이었단다.

매머드
온몸이 털로 덮여 있어서 빙하
기도 견뎌낸 아주 큰 동물로 코
끼리와 비슷한데 어금니가 4미
터나 되었대.

멸종하고 말았어. 너무나 급작스러워서 운석이 충돌
한 건지, 화산이 폭발한 건지 나도 잘 기억나지 않는
엄청난 재앙이었지.

큰 재앙이 두 번이나 있었는데도 생명체들은 끊임
없이 새롭게 도전했고, 살아남기 위해 아주 기막힌
생존 전략을 내놓았어. 아예 뱃속에 품었다가 자기와 똑 닮은 생명체
를 낳는 포유류가 나왔는데 어찌나 기발하던지 박수를 치고 싶었다
니까! 매머드나 호랑이가 새끼를 낳으면 어미를 꼭 닮은 새끼가 나오
더라고. 새끼는 얼마간 뒤뚱거리다 일어서서 제 어미의 젖을 빠는데
그 모습이 어찌나 귀엽던지…….

그즈음 익룡의 날개를 모방한 조류도 등장했어. 하늘을 점령한 조류는 익룡처럼 크지도 않고 소리도 아름다워서 참 마음에 들었지.

가장 늦게 태어난 생명체, 인간

그런데 말이야, 세상의 모든 생명체들이 거의 다 나왔는가 싶었는데 가장 늦게 태어난 생명체가 있었어. 가장 늦게 태어났으니 아주 대단한 모습일 줄 알았는데 이렇다 할 만한 것이 하나도 없더라고. 아니 오히려 딱할 정도로 가진 게 없었지. 그들의 이름은 '인간'이었

엉거주춤이
내 주특기야.

어. 바로 너희들의 조상이지.

처음엔 다른 포유류들에 비해 영 자랑할 게 없었는데 가장 빠르게 진화하더니 최고의 지배자가 되더라? 세상의 모든 생명체를 으드드 떨게 하는 지배자, 인간!

휴우~ 여기까지가 내가 할 이야기였어. 인간이 어떻게 세상의 지배자가 되었는지는 다른 이야기꾼이 말해 줄 거야. 내 임무는 여기서 끝~.

더 궁금하거나 하고 싶은 말이 있으면 호락호락 토론방에서 만나자꾸나.

저자가 직접 강의하는 호락호락 한국사 1장
왼쪽의 QR코드를 찍어서 저자의 강의를 들어 보세요!
만약 QR코드가 안 될 경우에는 아래 링크로 들어오세요.
http://blog.naver.com/damnb0401/221058687061

지금까지 내가 한 이야기에 고개를 끄덕이는 친구도 있고, 글쎄? 하는 친구도 있다고 하던데, 함께 모여서 이야기를 나눠 볼까? 너희가 그렇군과 딴지양이니?

네!

토론 주제가…….

'모든 생명체는 한 가족일까?'예요. 먼저 궁금한 것부터 물어봐도 돼요?

어? 그래, 그래.

우주가 대폭발로 생겨났다고 했잖아요? 그때 폭발한 건 물질이고요. 그런데 그 물질은 도대체 어떻게 생긴 거죠? 처음엔 아무것도 없었을 것 같은데…….

아, 빅뱅 이론 말이구나. 우주의 탄생은 아무도 알 수 없기 때문에 과학자들이 세운 가설이야. 물질도 빅뱅을 설명하기 위해서

29

생각해낸 것일 뿐이지. 무언가 터지면서 우주가 생겨났다고 설명해야 하니까, '어디서 왔는지 아무도 모르지만 서로 달라붙기 좋아하는 물질이 있었다'라고 한 거지. 만약 딴지양이 더 연구해서 다른 이론을 내놓았는데 그것이 더 옳다는 증거가 나오면 딴지양 이론으로 바뀔 수도 있어.

그래요? 그런데 저는 하나님이 이 세상을 다 만드셨다는 말이 더 맞는 거 같아요.

아, 천지창조설을 믿는구나. 뭘 믿든 그건 자유야. 그러나 과학자들이 설명한 이론대로 상상해 보는 것도 재미있잖니?

야, 너 우주와 생명 탄생 과정이 복잡하니까 그냥 '하나님이 다 창조하셨다' 이렇게 믿고 싶은 거 아냐?

절대 아니거든요~. 설명을 하도 재미나게 해서 다 기억하거든요~.

그걸 다 기억한다고? 와아~.

그렇군! 그렇군은 궁금한 거 없니?

아, 저는요. 거의 다 이해는 되는데 박테리아가 펄펄 끓는 바닷속에서 태어났다는 게 좀 뻥 같아요.

그럼, 내가 뻥쟁이?

에~이 그게 아니라요. 믿기 어렵다는 거죠, 뭐. 헤헤……

그렇긴 하지? 그래서 내가 준비한 자료가 있지. 오스트레일리아에는 아직도 **황화수소**라는 가스가 팔팔 끓는 원시 바다가 있어. 150도나 된다는데 거기에 박테리아가 살고 있다는 거야.

그것도 열악한 환경에 더 잘 적응하려고 애쓰
면서 말이지. 그 속에서도 진화를 하고 있다는
게 놀랍지 않니?

황화수소
화산가스로 이걸 맡으면 생명체
가 살기 힘들어.

와아~ 정말요? 대단한데!

눈에 보이지도 않는 세균이 이토록 살아 보겠다고 발버둥을 치
지 않았더라면 생명체의 탄생은 더 늦어졌을지도 몰라.

그런데요, 박테리아가 어떻게 녹색 조류가 되죠?

오랜 세월 동안 박테리아는 다양한 종류가 생겨났다고 했지?
그중엔 짙푸른 색을 띤 시아노박테리아가 있었어. 이 시아노박
테리아가 가장 먼저 산소를 만들어냈지. 하지만 자신보다 몸집
이 큰 세포 속으로 들어가 녹색 조류가 되면서 더 왕성하게 광
합성을 도왔던 거야.

시아노박테리아의 희생정신이 정말 대단한 걸요?

희생이라기보단 서로 도와준 거지. 큰 세포가 시아노박테리아
를 보호해 준 덕분에 시아노
박테리아도 지금까지 살아
있는 거니까.

그럼, 식물은 광합성을 하니
까 시아노박테리아는 모든 식
물의 엄마라고 말할 수 있는
건가요?

그런 셈이지.

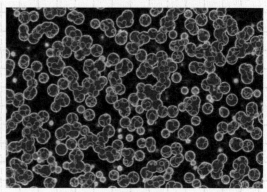

시아노박테리아

그런데 지구님, 시아노박테리아처럼 오~래 사는 생명체도 있는데 삼엽충처럼 사라지는 것들은 왜 그런 거예요?

지구님? 기분 짱인데! 음, 바로 그게 자연 선택이라는 거야. 환경에 잘 적응할 수 있는 건 살아남고 그렇지 않은 것들은 사라진 거지. 버스만 한 오징어, 팔뚝만 한 바퀴벌레가 지금은 얼마나 작아졌니? 다 살아남기 위해서 그렇게 변한 거 아니겠어? 변화하지 못한 것들은 삼엽충과 공룡처럼 사라지고 만 거지.

어, 그런데 아주 오래전에 사라졌다면서 어떻게 아는 거죠?

헐, 너 정말 그걸 모르는 거야? 화석이 있잖아, 화석이! 화석은 과거를 생생하게 보여 주는 타임캡슐이야. 어떻게 그걸 모를 수가 있냐? 어휴~.

그렇군! 토론방은 이야기를 나누면서 궁금한 것을 알아가는 곳이란다.

아, 네~.

그리고 토론 주제에 대한 자신의 생각을 자유롭게 펼치는 곳이기도 하지. 이번엔 그렇군의 생각을 이야기해 볼래?

저는 생명체가 진화했다는 것이 어느 정도 이해는 돼요. 그런데 저번에 아빠가 보시는 『현실, 그 가슴 뛰는 마법』이란 책을 보게 됐거든요? 마법을 가르쳐 주는 책인가 해서 펼쳐 보다가 깜짝 놀랐어요. 그 책에서 어떤 외국인 아저씨가 자기 조상의 사진을 보다가 상상하는 장면이 나오거든요. 그런데 1억 8500만 세대 전 우리의 할아버지는 물고기였다고 하면서 물고기 사진이 탁 나오는데, 이건 좀 믿기 어려웠어요.

다윈의 진화설을 풀어서 이야기하면 그렇다는 거야. 모든 생명체는 앞서 태어난 생명체의 도움을 받으면서 태어나고 변화하지 않았니? 그러니까 그렇게 말하는 게 지나친 것도 아니지.

다윈
모든 생물은 환경에 맞춰 진화하며 공동의 조상과 연결되어 있다고 주장해서 세상을 깜짝 놀라게 했어.

그럼 박테리아가 우리 조상이라는 거네요? 다른 생명체들하고도 다 친척이고요. 그럼, 내 친척 중엔 쥐도 있고 바퀴벌레도…… 우엑.

뭐라고? 바퀴벌레가 내 친척이라고? 안~돼!

딴지양이 기겁할 만한 이야길 하나 더 해 줄까? 모든 생명체는 유전자를 가지고 있다는 건 알지? 어떤 과학자는 땅속을 기어 다니는 벌레하고 사람의 유전자하고 40%나 닮았다고 발표했어.

으악~ 진짜 벌레하고도 친척이래. 그건 정말 싫어.

더 놀라운 이야길 하나 해 줄까 하는데…….

안 들을래요.

뭔데요? 넌 귀 막아. 난 들을래.

그렇군이 아까 봤다는 『현실, 그 가슴 뛰는 마법』이란 책에서 나온 이야기야. 너희들, 개구리가 왕자로 변하는 이야기 알지? 이게 동화 속 이야기만은 아니란 거지. 생각해 봐, 진화설로 말하면 아주 엄청나게 오랜 세월이 걸렸지만 개구리가 왕자로 변하긴 했잖아? 마치 마법처럼 말이야.

우와, 그럼 나도 마법사가 될 수 있겠다!

무슨 소리야?

나도 벌레를 딴지양으로 변화시킬 수 있다고요. 수십억 년의 시간만 준다면!

그만해라~.

얘들아, 이제 생각을 좀 진지하게 정리해 볼까?

옙! 저는 새로운 생물들이 태어날 때마다 새로운 기관을 하나씩 장착하고 태어나는 게 참 신기했어요. 특히 뼈대와 아가미를 달고 나온 물고기는 대단한 발명가 같고요, 새끼를 아예 뱃속에서 키우는 포유류의 아이디어는 정말 기발했어요. 그리고 온갖 생명체들이 태어날 때 서로 조금씩 도와주었다는 것도 참 기분 좋았어요. 그래서 세상의 생명체는 모두 한 가족이라는 생각에 한 표 던질래요.

저는 진화설이 맞는 건지 잘 모르겠어요. 제가 벌레하고 40%나 닮고 세상의 모든 생명체가 친척이라는 건 좀 더 생각해 봐야겠어요. 전 하나님이 인간은 특별하게 만드셨다고 생각하거든요.

딴지양에겐 진화설이 꽤 큰 충격이었나 보구나. 그럴 수 있어. 1859년에 다윈이라는 사람이 이 이론을 발표했을 때 얼마나 욕을 먹었는데……. 그리고 진화설을 뒷받침하는 증거들이 나오고 있는 요즘에도 믿지 않는 사람들이 꽤 있단다. 어떻게 생각하든 그건 자유야. 어차피 아무도 탄생 과정을 본 사람이 없기 때문에 언제든 바뀔 수 있는 **가설**이거든!

그렇죠? 하지만 모든 생명체의 노력에는 아낌없이 박수를 보내고 싶어요. 그런데 어떤 그림책을 보니까 가장 늦게 태어난 인간이 세상을 지배하면서 15분마다 한 **종**씩 사라지게 한다던데요?

가설
어떤 것을 설명하려고 임시로 세운 이론이라 언제든 바뀔 수 있지.

종
모양이나 성질이 비슷한 생물 집단이야.

정말이야? 15분마다 한 마리가 아니라 한 종씩 사라진다고? 하, 이러다 우리 인간도 사라지는 거 아냐? 공룡이 사라진 것처럼.

그럴 수 있지. 인간이 계속 저만 잘 살겠다고 욕심을 부린다면 나, 지구가 또 어떻게 변할지 몰라. 그땐 인간도 사라지는 슬픈 일이 벌어질지도 모르지.

그렇군요. 저는 우리 친척들을 괴롭히지 말자에 또 한 표 던집니다. 사라진 생물들아, 우리가 한 가족인 걸 잊어서 정말 미안해.

나도 사과할래. 하지만 친척이라느니 한 가족이라느니 하는 말은 뺄 거야. 서로 도움을 주고받기 때문에 다른 생물들이 사라지면 인간도 살기 힘들어질 거라고만 생각할 거야.

네 마음대로 하세요~.

어째 비아냥거리는 것처럼 들린다. 생각이 다르다고 적으로 생각하는 쪼잔한 남자는 아니겠지?

아, 절대. 네버! 생각이 다르다고 해서 틀렸다고 하는 건 꽉 막힌 고집불통들이나 하는 짓이야. 나는 무엇이든 잘 받아들이는

35

긍정의 사나이라고!

그럼, 그래야지. 우주와 지구 그리고 그 안의 생명체들이 어떻게 만들어졌는지 너무나 궁금해서 이런저런 가설을 만들고 증거를 찾아가는 중이니까 그걸 가지고 다툴 필요는 없지. 그럴 시간에 다들 인정할 만한 증거를 하나 더 찾는 게 낫지 않을까?

그러네요.

그럼, '모든 생명체는 한 가족일까?'에 대한 토론은 여기서 끝내도 되겠지? 이젠 정말 안녕이다!

감사합니다!

저희가요, 그냥 헤어지는 건 섭섭해서 들은 이야기를 랩으로 만들었거든요. 한번 들어 보시겠어요?

콰과광 쾅쾅 빅뱅이닷, 대폭발이닷!

150억 년 전 물질 덩어리가 터졌다.

여기저기에 별들이 번쩍 번쩍 번번쩍

시간이 지나고 지나 우리의 태양이 탄생

그 뒤로 늘어선 수성, 금성, 지구, 화성

그 뒤로 목성, 토성 천왕성, 해왕성

장난꾸러기, 꾸러기 명왕성은 퇴~출

이렇게 우리 태양계 완~성 요, 요, 요!

생명을 품는 푸른 별 지구는 최고의 선~물

뜨거운 바다에서 태어난 박테리아 용사, 예!

♪ 빛으로 산소를 만드는 고마운 녹색 조류

뼈가 없어 흐물거리는 오징어와 낙지

단단한 갑옷 입은 무서운 바다 전~갈

얕보지 마라, 뼈대 있는 집안의 물고기

물과 땅이 모두 내 집이다, 개구리 폴짝

순풍순풍 알을 낳아 지구를 접수한 공룡

저 닮은 새끼를 낳는 포유류가 대~세, 예에~

날개로 하늘을 차지한 지지배배 조류들

어라, 어라, 저것은 도대체 무엇인가?

엉거주춤 두 발로 걷는 인간? 그래, 인간! 예에~

오호, 지금까지의 이야길 랩으로 하다니…… 기막힌데! 어린 친구들, 정말 고맙다.

궁금한 게 있으면 또 나와 주실 거죠?

그럼, 물론이지. 이젠 진짜 안녕!

지구님, 안녕!

세상의 모든 생명체들, 고마워

나는 오늘 우주가 어떻게 만들어지고 생명이 어떻게 태어났는지 잘 알게 됐다.

우주가 만들어질 때를 눈을 감고 상상해 보니까 정말 멋있었다. 폭탄 수천 개가 터지는 소리에 불꽃이 푸지직 일어나고 장난이 아니었을 것 같다. 아주 시끄럽고, 눈부시고…… 아수라장이었을 거다. 선생님이 안 계실 때 우리 교실의 한 천억 배 이상이 아닐까? 크크…….

그런데 지구가 1300도의 마그마 바다였을 줄은 몰랐다. 그냥 푸른 별인 줄 알았는데 몇 억 년이 지나서야 식었다고 하니 얼마나 뜨거웠을까? 지구를 식혀 준 바람도 고맙고, 비도 고맙다. 뜨거운 바닷속에서 고

생한 박테리아도 고맙고 녹색 조류의 몸에 들어간 시아노박테리아는 더 고맙다. 진화 이야기를 들어 보면 고맙지 않은 건 하나도 없다.

지구의 생명체들이 이런저런 기관을 만들어 준 덕분에 인간은 가장 진화한 모습으

로 태어났다. 그러니 그들에게 고마워하고 서로 도우며 살아야 하는데 우리 인간은 고마워하기는커녕 15분마다 한 종씩 사라지게 한단다. 미안하다는 말밖에 정말 할 말이 없다.

"EVERYONE, YOU ARE MY ENERGY, THANK YOU."

댓글 4개   댓글을 입력해 주세요.   등록
✓ 인기순 최신순

이야, 생명 탄생 과정이 정말 놀랍다! 그런데 우리 조상이 박테리아?
이건 좀 그렇다······.

우주 탄생을 음악으로 만들고 싶어. 엄청 웅장하고 신날 거 같아!

15분마다 한 종씩 사라지게 하는 게 우리 인간이라구?
정말 너무한 거 아니냐?

분명 가설이라고 한 것 같은데······. 모두들 그대로 믿는 이 분위기는 뭐지?

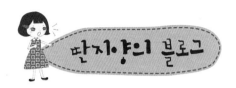

창조론이 맞아!

　오늘 빅뱅 이론과 진화론에 대한 이야기를 들었다. 우주가 폭발에서 생겨났다는 이야기는 이해가 되었다. 특히 지구가 태양만큼 뜨거운 별이었다가 식은 이야기는 아주 재미있었다. 그런데 문제는 진화론이었다.

　목사님이나 우리 엄마는 이 세상은 하나님이 만드셨다고 하셨다. 성경에도 그렇게 쓰여 있다. 그런데 진화론에서는 최초의 생명체인 박테리아가 진화하면서 세상의 생명체들은 조금씩 닮은 유전자를 가지게

되었다고 한다. 그래서 모든 생명체는 한 가족이나 마찬가지라고 하는데 나는 이건 정말 싫다. 세균과 바퀴벌레와 내가 어떻게 친척일 수가 있지?

난 창조론을 믿는다. 앞으로도 그럴 거다. 그런데 과학자들이 진화론에 대한 증거를 자꾸 찾아내고 있으니 그렇군보다 내가 불리하긴 하다. 나도 창조론의 증거를 열심히 찾아서 논리적으로 말할 수 있도록 연습해야겠다. 그래서 잘난 체 대마왕 그렇군의 기를 팍 꺾어 주겠다. 기다려라, 그렇군!

댓글 5개 　댓글을 입력해 주세요.　 **등록**

✓ 인기순 최신순

하나님이 이 세상을 만드신 게 맞아. 이건 진리야, 진리!

딴지양, 파이팅! 나는 성경 말씀을 믿어. 인간은 특별하지~.

진화론도 천지창조론도 믿기 어려운 사람은 어떡해?

천지창조론을 잘 공부해서 잘난 체 대마왕, 그렇군을 꼭 이겨 줘. 딴지양, 파이팅!

얘들아, 이건 그냥 가설일 뿐이야. 흥분할 이유가 전혀 없다고!

우주와 생명체 탄생 달력

빅뱅부터 인간이 태어나기까지의 과정을 1년으로 압축해 보면 아주 오래 걸린 생명 탄생 과정이 '한눈에 쏘옥!' 보일 거야.

1월 1일이 되자마자 대폭발이 일어났고, 8월이 다 가도록 계속 별들이 태어나고 사라졌지. 그러다 9월 9일쯤 우리 태양이 태어나고 닷새쯤 지나 우리 지구가 태어났어. 10월이 되면 드디어 새로운 생명체인 박테리아가 태어나고, 광합성을 하는 식물 덕분에 산소가 많아지는 12월이 되면 새로운 생물이 태어나느라 아주 바빠지지. 그래서 12월에는 큰 사건이 아주 많았단다. 자, 150억 년의 세월을 한눈에 쏘옥 넣어 볼까?

1월1일
꽈과광 쾅쾅
대폭발이다!

1월~8월
와우, 은하계가
수천 억 개나?

9월
드디어 우리
태양계 탄생,
지구는 1300도
불덩이.

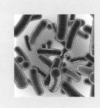

10월
나는 38억
살이야. 최초의
생명체라고!

11월
나는 이산화탄소를
먹고 산소를
만들어. 고맙지?

12월
새로운 생명체가
마구마구
태어났지.

12월
우리는 뼈대 있는
집안이야.

12월
물속도 땅 위도
다 내 거야.

12월
나는 인간보다
더 오래 지구를
지배했어.

12월
나는 작기 때문에
포유류의
조상이 됐지.

12월
땅과 하늘은
우리 거야.

**12월 31일
10시 30분 쯤**

엉거주춤
인간 탄생!

150억 년 전
빅뱅

46억 년 전
지구 탄생

350만 년 전
인간 탄생

70만 년 전
구석기 시작!

2장

구석기인은 늠름한 사냥꾼이 되었지

나는 구석기 시대 이야기꾼인 돌이야.

가장 늦게 태어난 초라한 인간이

어떻게 늠름한 사냥꾼이 되었는지

그 이야기를 들려줄게.

돌이 들려주는 구석기 이야기

『호락호락 한국사』를 읽는 친구들, 안녕! 나는 두 번째 이야기꾼 인 돌이야.

돌덩이가 이야기를 들려준다고 하니까 벌써 코웃음 치는 친구들 도 있네. 그러나 인간이 가장 먼저 도구로 사용한 것은 바로 나, 돌이 었어. 내 덕분에 초라한 도망자에서 늠름한 사냥꾼이 된 거라고. 인 간이 초라한 도망자였다니 놀라는 친구도 있구나? 너희들은 인간이 처음부터 어느 정도는 능력자였을 거라 믿고 싶겠지만 전혀 아니었 어. 딱할 정도로 가진 것이 없었지. 그랬던 인간이 나, 돌을 사용하면 서 늠름한 사냥꾼이 되는 것을 보고 나도 무척 놀랐어. 산증인인 내 가 어떻게 인간이 세상의 지배자가 되었는지 본 대로 들려줄게.

인간은 초라한 도망자

아프리카의 숲속에 아직 인간이라고 하기에는 턱없이 부족해 보 이는 새로운 생명체가 태어났어. 인간인지 원숭이인지 아리송했지.

힘세고 날랜 동물들은 가장 늦게 태어난 새로운 종을 전혀 두려워하지 않았어. 왜냐고? 날카로운 이빨이나 발톱도 없는데다, 털도 없이 민숭민숭하고 엉거주춤 걸었으니까 아무도 거들떠보지 않았지. 아니 오히려 만만한 먹잇감이었어. 이 인간의 조상을 **오스트랄로피테쿠스**라고 하더군.

오스트랄로피테쿠스
엉거주춤하게 서서 걷기 시작한 꼬리 없는 원숭이란 뜻이야. 지금의 인간과는 많이 다르지만 두 다리로 섰기 때문에 최초의 인류라고 하지.

오스트랄로피테쿠스는 다 자란 키가 1미터가 좀 넘는데다 평균 수명이 11세에서 12세밖에 안 되었어. 별다른 주특기가 없었기 때문에 맹수들의 만만한 먹잇감으로 근근이 생명을 이어갈 수밖에 없었지. 오스트랄로피테쿠스는 정말 불쌍하고 초라한 도망자로 백만 년을 넘게 살았어.

걸어 다니면서도 손을 어떻게 써야할지 잘 모르더니만 드디어 손을 쓰는 방법을 터득한 인간이 생겨났어. 이것은 인간과 동물을 가

오늘도
쫓기는 하루!

르는 대사건이었지. 인간의 손은 한때 같은 무리에 속했던 원숭이하고는 다르게 생겼거든. 엄지와 검지 사이가 확실하게 벌어져 물건을 힘 있게 쥘 수 있었어. 이것이 얼마나 놀라운 일이었는지 들어 볼래?

어느 날이었어. 추위와 배고픔에 떨던 인간은 저도 모르게 나를 집어 들어 던졌는데, 운 좋게 토끼 한 마리를 잡았던 거야. 놀라운 행운에 인간은 경중경중 뛰면서 손의 위대함에 괴성을 지르며 좋아서 어쩔 줄을 모르더라? 그 모습에 나도 덩달아 들썩들썩할~뻔했지. 믿거나 말거나. 어쨌든 절박한 순간의 선택이 새로운 역사를 만들었다는 이야기야.

주변에 그냥 널려 있던 돌을 도구로 사용하게 되면서 비로소 손을 쓰는 진짜 인간인 **호모 하빌리스**가 되었어. 호모는 인간이라는 뜻이거든. 그럼, 지금까지는 인간이 아니었냐고? 아니, 인간이라고 부르기엔 2% 부족했단 거지~. 손을 쓸 줄 몰랐잖아? 손을 쓰는 순간, 어느 누구도 따라올 수 없는 막강한 힘을 스스로 만들어냈던 거야. 처음으로 돌을 들어 사냥을 했던 원시인에게 모두 일어서서 박수!!

이 원시인 덕분에 돌을 도구로 사용하는 석기 시대가 열렸어. 친구들! 나, 돌이 역사의 대부분을 함께한 도구였다는 걸 잊지 말아 줘. 나도 인간과 함께 역사를 만든 것이 아주 뿌듯해!

진짜 늠름한 사냥꾼

손을 쓰게 된 인간은 갈수록 영리해져서 돌을 서로 부딪쳐 떼어 내거나 짐승의 뼈나 뿔을 떼어내어 쓸 만한 도구를 만들었어. 그 어떤 동물도 자기가 타고난 것 외에는 만들 수 없었는데 말이야. 게다가 그 솜씨가 제법이었어. 웬만한 맹수의 발톱이나 이빨보다 낫더라니까? 이것을 현대인들은 뗀석기라 하고 뗀석기를 쓴 인간들을 구석기인이라 하더군.

시간이 갈수록 구석기인들은 다양한 뗀석기를 만들어 늠름한 사냥꾼이 되었어. 허리를 꼿꼿하게 세우고 굳센 다리로 달리면서 날카로운 도구로 사냥하는 모습을 보니 어찌나 대견하던지 눈물이 날 뻔했어. 믿거나 말거나.

구석기인들은 저보다 큰 동물들도 거침없이 사냥했는데 그건 여러 사람이 힘을 합쳤기 때문이야. 이런 협력은 말로 뜻을 전하면서 이뤄졌고 말이 복잡해질수록 협력의 힘은 더욱 커졌어. 생각해 봐! 혼자서 맹수를 잡기엔 힘들지만 20~30명씩 무리지어 사냥을 하면 맹수뿐만 아니라 매머드도 잡을 수 있잖아?

"매머드를 높은 언덕으로 몰아."

"너희는 창으로 매머드 엉덩이 찔러."

"우리는 옆구리 찔러서 겁줄게."

뭐, 이렇게 힘을 합쳐서 커다란 매머드를 높은 언덕으로 몰면 궁지에 몰린 매머드가 언덕 아래로 굴러 떨어져 죽었던 거 아닐까? 나는 그런 끔찍한 장면은 본 적이 없지만 내 친구는 봤다고 하더라고. 인간이 얼마나 머리가 좋아졌는지 아무리 크고 힘센 짐승들도 인간을 두려워하는 거 같더라나?

힘이 센 남자들은 무리지어 사냥하고 여자와 아이들은 채집을 하며 동굴에서 살았는데, 또다시 정말 놀라운 일이 일어났어. 불을 만들어 쓰더라니까! 얕잡아 봤던 인간이 불을 휘두르니까 맹수들도 슬금슬금 피하던데? 오호, 이런 게 바로 전세 역전이라는 거야.

게다가 불을 여기저기 잘 이용하면서 사는 모습도 나날이 발전했어. 동굴을 따뜻하게 덥히고, 음식을 익혀 먹고, 해가 떨어지면 불을 밝혀서 도구를 만들더라고. 그리고 음식을 익혀 먹어서 영양 상태가 좋아지니까 머리도 갈수록 좋아졌고 수명도 길~어졌어.

이때의 구석기인들은 사냥하기 좋은 곳을 찾아 아주 멀리까지 이동했지. 걸어서 갈 수 있는 곳이라면 주저하지 않아서 아프리카가 고향인 인간들은 세상 곳곳으로 퍼져 나갔어. 이 구석기인들을 **호모 에렉투스**라고 부르던데 곧게 선 사람이란 뜻이라며? 하긴 허리를 펴고 당당하게 서야 잘 걸을 수 있었으니 이름을 참 잘 지었구나.

세상 곳곳으로 퍼져 나간 무리 중엔 사람을 땅에 묻는 이들도 생겼어. 당연한 거 아니냐고? 지금은 장례를 치르는 것이 당연하겠지만 그땐 아주 새로운 방식이었지. 사람이 죽으면 그냥 들에 버려두고 갔거든. 그런데 생각이 깊어지면서 함께했던 사람이 죽으면 땅에 묻으며 정성껏 장례를 치렀어. 내 부모나 내 자식 또는

호모 에렉투스
곧게 선 사람이라는 뜻의 구석기인이야. 세상 곳곳으로 퍼져 나갔지.

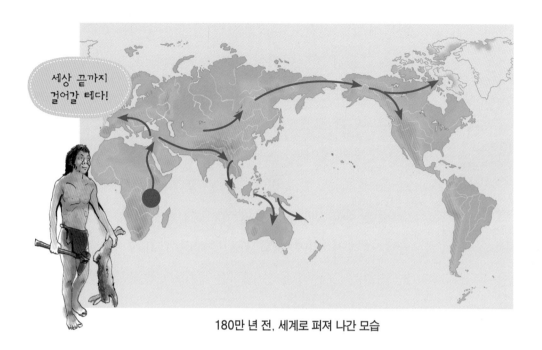

180만 년 전, 세계로 퍼져 나간 모습

친구가 그대로 짐승들의 밥이 되는 걸 더는 볼 수 없었던 거 아닐까?

무덤에는 죽은 사람이 썼던 물건을 놓아 주고 꽃도 뿌렸어. 아마 죽은 뒤의 세상이 있어 그곳에서 다시 태어날 거라고 믿은 거 같아. 이렇게 보이지 않는 죽은 다음의 세상도 상상하는 힘, 그리고 그것을 다른 사람에게 전할 수 있는 말의 힘은 차원이 다른 인간을 탄생시켰어. 이 새로운 인간을 **호모 사피엔스**라고 부른다는데 슬기로운 인간이란 뜻이래.

그리고 곧이어 세상 곳곳에서 **문화**를

호모 사피엔스
상상력을 가진 슬기로운 인간으로 정교한 도구를 만들었어.

문화
사람들의 생활을 풍요롭고 편리하게 만들어가는 모든 생활방식이 문화야.

호모 사피엔스 사피엔스
슬기롭고 슬기로운 사람으로 우리와 아주 가까운 조상이지.

만들어내는 인간도 등장해서 환경에 어울리는 독특한 문화들이 만들어졌어. 이들을 슬기롭고, 슬기로운 인간이라는 뜻의 **호모 사피엔스 사피엔스**라고 하는데 현대인과 크게 다르지 않았다고 하더구나.

세상에서 벌어지는 온갖 일을 춤과 노래와 이야기로 풀어내기도 했고 벽에 그림을 그리거나 새기기도 했어. 신화를 만들고 커다란 바위에 그들이 사는 모습을 남겼지. 입에서 입으로 전해진 신화와 꾸밈없는 벽화는 그들이 무슨 생각을 하고 어떻게 살았는지 보여 주는 생생한 역사서가 되었다지?

벽화를 그리고 있는 호모 사피엔스 사피엔스

그리고 이즈음엔 환경에 아주 잘 적응해서 피부색도 나뉘었어. 사는 곳에 따라 자연스럽게 흑인, 황인, 백인이 등장한 거지. 피부색은 주어진 환경에 얼마나 잘 적응했는지 보여 주는 아주 좋은 예란다.

나는 가장 '처음'으로 인간답게 살기 시작한 이들에게 물개 박수를 치고 싶어. 할 수만 있다면 말이야. 그리고 세상 모든 일들을 처음 시작했기 때문에 원시인이란 이름을 지어 준 건 아주 잘한 일이라고 생각해. 내가 보기엔 원시인은 세상에서 가장 용감하고 가장 창의적인 사람들이었어. 아무도 가르쳐 주지 않는 상황에서 늘 무언가를 시작하고 놀라운 결과물을 만들어냈으니까 말이야!

엉거주춤
오스트랄로피테쿠스

손 쓰는 사람
호모 하빌리스

진짜 사냥꾼
호모 에렉투스

생각하는 힘
호모 사피엔스

현대인과 가까운
호모 사피엔스 사피엔스

한반도에 등장한 구석기인

앞에서 굳센 다리를 가진 구석기인이 걸어서 세상 곳곳으로 갔다고 했잖아? 한반도에는 70만 년 전쯤 구석기인이 도착했어. 이 구석기인이 우리의 직접적인 조상인지 아닌지 정확히 밝혀지지 않았지만 그들이 살았던 곳은 한반도 곳곳에 남아 있단다. 어떻게 아냐고? 그들이 남긴 유물과 유적으로 알 수 있지. 자, 구석기인이 한반도 어디에 살았는지 볼까? 지도야, 나오너라~.

온성 동관진
한반도에서 가장 먼저
발견된 구석기 유적이야.

평양 검은 모루 동굴
29종의 동물 뼈가 나왔어.

단양 금굴
구석기 동굴 중에서 가장 큰
굴이야. 길이가 80미터가
넘는대.

연천 전곡리
구석기 시대의 대표적인
유물인 돌도끼가 발견됐지.

단양 구낭굴
3만 점이 넘는 동물
뼈가 나왔다네?

단양 수양개
3만 점이 넘는 석기가 발견됐대.
어마어마하지?

청원 두루봉 동굴
흥수아이가 나온 동굴이지.

공주 석장리
대표적인 구석기 유적지야.

빌레못 동굴

구석기 유적

창의성이 뛰어난 구석기인

많은 친구들이 구석기인은 뗀석기로 사냥을 하며 가죽옷을 입고 동굴에서 살았다는 걸 잘 알더라고. 뭐 그쯤이야 다 아는 상식이라고? 오호, 그렇다면 이번엔 구석기인에 대한 수준 높은 지식을 알려 줄게. 그건 바로 도구를 만드는 기술에 관한 거야. 어느 시대든 생명하고 직접 연결되는 기술은 함부로 알려 주지 않아. 그런데 내가 누구야? 바로 그 도구의 주인공이란 말씀이지. 친구들, 따라와!

처음에 구석기인은 단순히 힘을 써서 돌과 돌을 부딪쳐 직접 떼어내는 방식으로 도구를 만들었어. 커다란 모루돌(받침돌)에 돌을 부딪쳐 원하는 모양을 만들기도 했지. 그러다가 돌에 익숙해지니까 만드는 방법도 발전했는데 동물의 뼈나 뿔을 이용해서 떼어내는 간접 떼기 방식도 나왔어. 도구는 좀 더 다듬어지고 쓰임새에 따라 다양해졌지.

그리고 뿔로 만든 도구로 눌러 떼는 방식도 나왔는데 이 방법으로 훨씬 더 날카롭고 쓰임새에 딱 맞는 도구가 만들어지더구나.

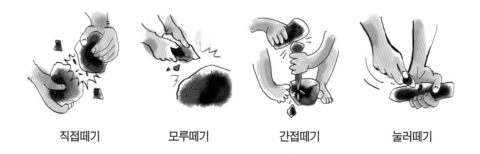

직접떼기   모루떼기   간접떼기   눌러떼기

이런 여러 방식은 아득~하게 오랜 세월이 걸렸지만 구석기인의 기술이 점점 발전했다는 것을 보여 주고 있지.

그럼, 이번엔 도구를 좀 구경해 볼까? 구석기 도구들, 모여라~.

주먹도끼

요, 커다란 물방울 모양의 날렵하면서도 날카로운 도구의 이름은 뭘까? 주먹 쥐듯 단단히 쥐면 못할 게 없었다던 구석기 시대의 대~표적 유물, 주먹도끼야! 찢고, 자르고, 구멍을 뚫고, 가죽을 벗기고, 땅을 팔 수도 있었지. 그야말로 언제 어디서나 이것 하나만 쥐고 있으면 모든 게 해결됐던 거야. 이 정도는 돼야 대표적 유물이라 하겠지?

긁개

긁개라는 이 도구는 한쪽에만 날을 만들고 손에 쥘 수 있는 크기로 만들었어. 동물의 가죽을 긁어서 벗겨내는 데는 그만이었지. 그래서 긁개라는 이름이 붙었나 봐.

밀개

나무껍질을 벗기거나 깎을 때는 한쪽 면을 날카롭게 손질한 이 밀개를 사용했어. 그렇게 다듬은 나뭇가지로 막집을 짓기도 했지. 동굴에서 멀리 나와 사냥을 할 때나 물고기를 잡으며 살 때도 있었으니까.

슴베찌르개

슴베찌르개는 구석기인의 기술이 가장 좋아졌을 때 만든 도구야. 돌날을 잘 다듬어서 끝은 뾰족하게 만들고 반대쪽은 꼭지 모양으로 만들었지. 이때 양쪽은 같은 모양이 되도록 애를 썼는데 얼마나 힘든지 땀이 쪼르륵 흐르더라니까? 이렇게 힘들여 만들더니 꼭지 모양 쪽을 나무 자루에 꽂아 창처럼 쓰더라고. 아마 최초의 조립식 도구였을 거야.

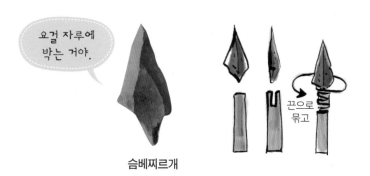

요걸 자루에 박는 거야.

끈으로 묶고

습베찌르개

이 습베찌르개를 힘껏 던지니까 멀리 있는 동물도 푹 쓰러져서 깜짝 놀랐어. 동물들에겐 몹시 우울한 소식이었을 테지? 그런데 '습베'가 뭐냐고? 자루 속에 박히는 뾰족한 부분을 가리키는 말이야.

지금까지 구석기인이 도구를 만드는 방법과 도구들에 대한 이야기를 잘 들었지? 이건 아무한테나 들려주는 이야기가 아니야. 왜? 구석기인의 특급 기술이니까!

그런데 창의성이 뛰어난 구석기인이라니까 '픽' 웃는 친구들도 있더라. 생명을 위협하는 차갑고 변덕스런 날씨에도 꿋꿋하게 견디며 하나하나 끈질기게 도전하는 모습을 봤다면 생각이 달라졌을 텐데……. 아직도 내 말에 고개가 갸웃거려진다면 호락호락 토론방에 모여서 이야기를 나눠 보자.

저자가 직접 강의하는 호락호락 한국사 2장
왼쪽의 QR코드를 찍어서 저자의 강의를 들어 보세요!
만약 QR코드가 안 될 경우에는 아래 링크로 들어오세요.
http://blog.naver.com/damnb0401/221058678789

어, 그렇군! 너 혼자야? 이 토론방에 구석기를 대표하는 인간이 온다고 했는데 어떻게 된 거야?

먼저 와서 기다리고 있었는데 아무도 안 왔어.

내가 안 보여? 내가 제일 먼저 와서 기다리고 있었어.

아니, 책상에 가려서 보이지도 않는 꼬마가 구석기를 대표하는 인간이라고? 우리 옆집 애랑 비슷하게 생겼는데…….

어리다고 무시하지 마. 이래 봬도 너희보다 4만 년 전에 태어난 몸이니까.

뭐, 4, 4만 년 전에 살았었다고? 넌 도대체 누구니?

내 이름은 흥수아이야. 나를 발견한 사람이 김흥수 씨인데 그 아저씨 이름을 따서 흥수아이가 됐어. 하도 오래전에 태어나서 내 진짜 이름이 뭐였는지는 기억이 안 나.

에구, 이름도 잘 기억나지 않는다면서 어떻게 토론을 한다는 거니? 그리고 내가 보기엔 너는 대여섯 살 꼬맹이인데…….

그래도 토론은 할 수 있다, 뭐. 우리 구석기인들이 어떻게 살았는지는 다 기억나거든.

그럼 궁금한 거 막 물어봐도 돼?

얼마든지!

구석기인이 살던 동굴이 지금도 발견된다는데 그 동굴이 구석기인의 집인지는 어떻게 알아?

에이, 그것도 몰라? 동굴에선 우리가 쓰던 뗀석기도 나오고 그 당시 살던 동물 뼈, 사람 뼈 등이 나오거든. 나도 충청북도 두루봉 동굴에서 발견되면서 세계적으로 유명한 아이가 되었어.

세계적으로 유명하다고? 왜? 뭣 때문에?

나처럼 구석기인이 완전한 모습으로 발견된 건 동아시아에서 처음 있는 일이래. 구석기인이 어떻게 장례를 치렀는지 보여 주는 중요한 자료가 된다나 봐. 그래서 나는 세계적으로 유~명하다고!

으응. 그런데 장례라고 했냐?

응. 특별하게 마련한 평평한 돌 위에 나를 반듯하게 눕혀 놓고 고운 흙으로 덮어 주었대. 그리고 국화꽃도 뿌려 주었대. 아마 봄이 되면 꽃이 다시 피듯이 나도 다른 세상에서 다시 태어나길 바랐나 봐.

네가 어려서 부모님이

많이 슬퍼하셨겠다.

……

슬픈 얼굴인데 이런 거 물어봐서 미안해. 그런데 너무 궁금해서 어쩔 수가 없네. 있잖아, 사람이 죽으면 원래 다 그렇게 하는 거 아니니?

아니지, 딴지양. 예전 사람들은 장례란 걸 치르지 않았다고 했잖아. 그러다가 흥수아이가 살던 시대의 사람들이 장례를 치르기 시작한 거야. 이 아이의 무덤은 '구석기인도 현대인처럼 정성과 예를 다해서 장례를 치렀다. 그것을 생생하게 보여 주는 자료가 한반도에서 발견되었다'는 걸 증명하는 중요한 자료라는 거지.

바로 그거야! 너, 진짜 똑똑하다. 우리는 아무도 가르쳐 주지 않았는데 장례 치르는 걸 시작했어. 그걸 너희들도 지금까지 따라 하잖아? 도구 만들기, 사냥하기, 옷 만들고 **막집** 짓기, 다~ 우리 구석기인이 시작했잖아. 아, 또 있다. 그림 그리고, 춤추고, 노래하고 이야기 만드는 것도 다 우리가 시작했어. 에이, 이제 보니 너희들은 따라쟁이네.

그래, 그 부분은 인정! 그리고 슬프다는 걸 장례로 표현한 건 품위도 있고 멋져 보이긴 해. 그래도 구석기인이 만든 뗀석기들은 좀 어설퍼 보이던데? 나도 그 정도는 만들 수 있을

막집
강기슭에 나뭇가지나 동물의 가죽으로 지은 집인데 땅을 파지 않고 지었어. 지금도 초원지대에 사는 사람들은 이런 식으로 집을 짓고 살기도 해.

거 같더라, 뭐.

흥! 그건 너희가 만드는 걸 못 봐서 그래. 돌과 돌을 부딪쳐 원하는 걸 만들어내는 게 얼마나 어려운데! 너희한텐 그냥 깨진 돌로 보이겠지만 우리에겐 살아가는 데 정말 큰 도움이 된 도구들이었단 말이야. 우리 아빠와 아저씨들은 어떤 돌로 단단한 주먹도끼를 만들지, 어떤 돌로 날카로운 슴베찌르개를 만들지 척 보면 알았다고. 그리고 지금처럼 좋은 도구가 없어도 쓰임새에 딱, 딱 맞게 만들어냈거든! 너흰 그걸 보고 흉내나 내니까 쉬워 보이겠지.

아하, 무슨 설명서가 있는 것도 아니고 누가 가르쳐 준 게 아닌데 어디에 어떻게 쓸지 고민하면서 만들었단 말이지?

으응, 내 말이 바로 그거야! 구석기인은 돌에 대해서는 모르는 게 없었다고. 그리고 동물들에 대해서도 얼마나 잘 알았는데. 언제 어디로 가면 무슨 동물을 잡을 수 있는지도 다~ 알았어. 사냥도 잘해서 쌍코뿔소 같은 사나운 동물도 막 잡고, 어른들은 동물의 몸속이 어떻게 생겼는지 눈 감고도 훤히 알았어. 그래서 뼈를 피해 가며 말끔하게 손질하고 공평하게 나눠 주었지. 가죽으론 옷도 만들고 단단한 뼈로는 도구나 장신구도 만들었어. 버리는 게 하나도 없었다, 뭐.

알았다, 알았어. 너, "우리 구석기인은 돌과 동물에 대해서는 모르는 게 없었다" 이렇게 말하고 싶은 거 아냐?

으응! 그런데 그거 거짓말 아냐.

애, 그런데 왜 교과서엔 '구석기인은 사냥과 채집을 했다'고 나오니? 어떤 책에선 채집이 더 중요했다고 나오던걸?

채집
동식물이나 곤충 등을 찾아서 모으는 거야. 원시 시대에는 먹을 수 있는 것은 뭐든 채집했지.

응, 그건 늘 사냥에 성공하는 건 아니었기 때문이야. 여자 어른과 아이들도 나무 열매를 따고 땅을 파서 먹을 수 있는 건 다 채집해서 살았거든. 우린 참 부지런히 먹거리를 마련했어. 자연에 대한 건 우리가 너희들보다 더 잘 알걸?

별의별 걸 다 먹었다면서? 벌레와 알도 먹었다는 게 사실이야?

응, 아주 맛있어.

그럼, 그게 단백질을 섭취하는 덴 그만이지.

그러니까 야만인이란 소릴 듣는 거지. 아직도 아프리카에 가면 구석기인처럼 사는 사람들이 있더라. 대충 가린 옷에 사냥하면서 나무뿌리나 캐 먹고 벌레까지…… 게다가 병이 나면 무당이라는 이상한 사람이 병자를 치료한다고 주문이나 외우고…… 정말 미개하다는 소리가 절로 나오던데!

그래, 우린 그렇게 살았어. 날씨는 변덕스럽고 춥지, 사냥감은 늘 언제 어디에나 있는 것도 아니지. 그러니 어떡해? 어른이나 아이나 힘을 합쳐서 먹을 수 있는 건 모두 찾아내서 먹을 수밖에 없었어. 그게 미개한 거야?

그래, 늘 먹거리를 찾아 헤매는 모습이 안쓰럽긴 하네. 그래도

'원시인은 야만인이다'라는 생각은 변하지 않을 거 같아. 인간이 살아가는 데 필요한 것들을 처음 시작했다는 이유로 야만인이 아니라고는 말할 수 없어. 처음이기 때문에 어설프고 수준이 낮았던 건 맞잖아? 생각해서 만들었다지만 돌로 만든 엉성한 도구를 보면 저걸로 어떻게 살았을까 하고 한숨부터 나오던걸? 집으로 사용했던 동굴은 아무리 불을 피워도 어둡고 축축해 보였어. 여럿이 다 함께 살았다니 그건 또 얼마나 불편했겠어? 그렇게 추웠다면서 반만 가린 가죽옷으로 어떻게 견뎠을까? 휴~ 암만 생각해도 나는 원시인은 야만인이라고 생각해.

원시인은 처음으로 시작한 사람이란 뜻이지 미개하거나 야만스럽다는 뜻이 아니야. 원시인이라는 말은 가장 용감하고 창의성이 뛰어난 사람들에게 준 이름이라고 생각해. 아무것도 없는 데서 무언가를 만들어낸다는 게 얼마나 어려웠겠어? 그것만으로도 정말 훌륭해. 도구가 어설퍼 보이고 사는 모습이 미개해 보일지는 모르지만, 그래도 차근차근 발전한 거잖아? 그렇게 발전시킨 기술을 다음 사람들에게 전해 주었기 때문에 우리가 이렇게 편하게 살게 된 거 아니냐?

그렇군, 우리를 그렇게 생각해 줘서 고마워.

아니야, 우리가 더 고맙지. 아, 참. 그런데 넌 4만 년이 지났는데도 어떻게 그대로 발견된 거니?

으응, 우리 집이 석회암 동굴이고 내가 누워 있던 돌이 석회암이었기 때문이야. 석회암은 뼈가 부패되는 것을 막아 준대. 석

충북 청원 두루봉 동굴의 현재 모습

흥수아이 동상(충북대학교 소재)

회암 덕분에 나는 유명해졌는데 그것 때문에 우리 집은 사라졌어. 사람들이 석회암을 파내어 지금은 폐광이 되어 버렸거든.

그럼 넌 이제 어디로 가니?

이젠 박물관이 우리 집이야. 내가 보고 싶으면 충북대학교 박물관으로 놀러와, 안녕!

어? 어~. 그래, 잘 가!

저 아이 뒷모습이 너무 슬퍼 보인다.

그러게…….

구석기 견문록(상상 글)

나는 홍수아이와 함께 그 아이가 살던 4만 년 전으로 여행을 떠났다. 청원 두루봉 동굴에서 홍수아이는 부모 형제 그리고 함께 살던 사람들을 만나 무척 행복해했다.

사냥을 떠나던 날 나도 운 좋게 따라가게 됐는데 힘들어 죽을 뻔했다. 구석기인은 걷는 것이 꼭 달리는 것 같았기 때문이다. 아주 멀리까지 가더니 다른 곳에 사는 무리들과 힘을 합쳐 사냥을 했다. 이들이 무기로 쓰는 슴베찌르개를 가까이서 보니 면도날처럼 날카로워서 동물을

잡는 데는 최고였다. 잡은 동물은 가까운 동굴로 옮겨 주먹도끼와 긁개로 손질을 했는데 뼈를 피해서 빠르게 손질했다. 흥수아이 말대로였다. 그리고 공평하게 나누어 싸움도 없었다.

　이곳에선 어른이나 아이나 맞는 일을 찾아 열심히 일하는데 손발이 착착 맞았다. 나는 구석기인한테 반한 거 같다. 알고 보니 구석기인은 날렵하고 힘도 센 능력자였다. 나도 여기서 살면 저렇게 능력자가 될까?

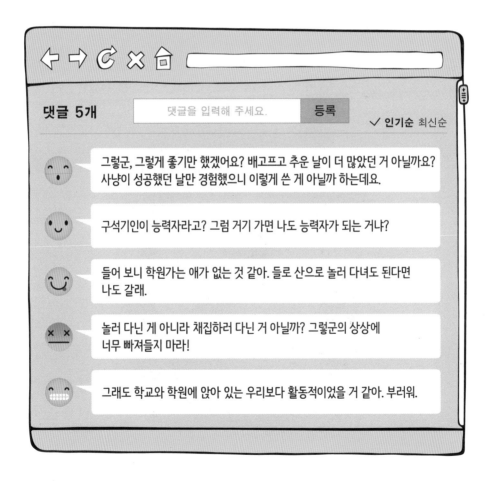

댓글 5개　　　댓글을 입력해 주세요.　　**등록**

　　　　　　　　　　　　　　　　　✓ **인기순** 최신순

그렇군, 그렇게 좋기만 했겠어요? 배고프고 추운 날이 더 많았던 거 아닐까요? 사냥이 성공했던 날만 경험했으니 이렇게 쓴 게 아닐까 하는데요.

구석기인이 능력자라고? 그럼 거기 가면 나도 능력자가 되는 거냐?

들어 보니 학원가는 애가 없는 것 같아. 들로 산으로 놀러 다녀도 된다면 나도 갈래.

놀러 다닌 게 아니라 채집하러 다닌 거 아닐까? 그렇군의 상상에 너무 빠져들지 마라!

그래도 학교와 학원에 앉아 있는 우리보다 활동적이었을 거 같아. 부러워.

구석기인에 대한 보고서(상상 글)

띠리띠리띠~~ 본부 나와 주세요. 저는 시대 탐사대의 딴지양입니다.

이번에 제가 오게 된 곳은 구석기 시대인데요, 인간들은 뗀석기를 들고 사냥을 하고 있습니다. 그런데 실패하는 날이 많아서 열매를 따고 땅을 파서 뿌리를 캐어 먹고 벌레까지 먹고 있습니다.

가죽으로 대충 가린 옷을 입었는데요, 하나도 따뜻해 보이지 않습니다. 그리고 주로 사는 곳은 동굴인데 가족만 사는 게 아니라 여럿이 다 함께 우글우글 모여 삽니다. 병이 들면 의사도 아닌 무당이 병을 고친다고 주문을 외우는데, 낫게 하는 건지 더 병들게 하는 건지 모르겠어요. 구석기인은 이러고 산 지 몇 백만 년이 넘었다고 합니다. 나름 최선을 다해 살고 있는 거라고 하지만 발전이 너무 더디고 불쌍해 보여요. 좀 도와줘야 되지 않을까요? 농사짓는 방법이라도 좀…….

이상 구석기 시대 탐사에 대한 보고를 마칩니다.

댓글 4개   댓글을 입력해 주세요.   등록

✓ 인기순   최신순

몇 백만 년이나 원시인으로 살아야 된다면 아예 태어나지 않는 게 낫겠다.

너무 부정적으로만 본 거 아니니? 어떤 학자는 농사짓던 때보다 먹거리가 다양하고, 공평하게 나눠 먹으며 사냥하느라 운동도 많이 해서 건강했다고 하던데?

건강하기만 하면 다냐? 축축하고 어두운 동굴에 우글우글? 난 절대 싫어!

날마다 원시인처럼 사는 건 싫지만 하루쯤 체험하는 건 재미날 거 같아.

구석기인들은 한반도 곳곳에서 살았어

70만 년 전에 한반도에 구석기인들이 들어왔어. 이들은 우리 땅 곳곳에 자리 잡고 살았지.

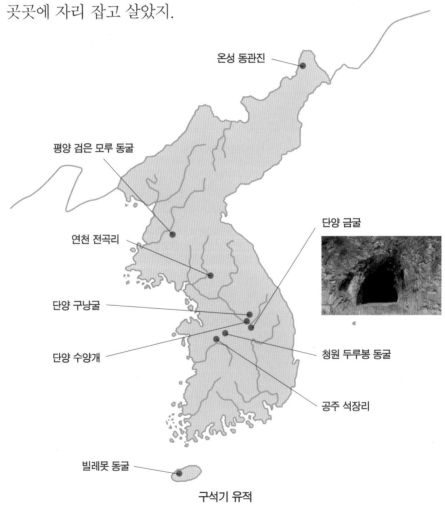

온성 동관진

평양 검은 모루 동굴

단양 금굴

연천 전곡리

단양 구낭굴

청원 두루봉 동굴

단양 수양개

공주 석장리

빌레못 동굴

구석기 유적

구석기 시대에 쓰인 뗀석기들

구석기인들은 창의성이 뛰어난 대단한 발명가들이야. 단순한 돌멩이를 여러 가지 유용한 도구로 만들어 썼거든.

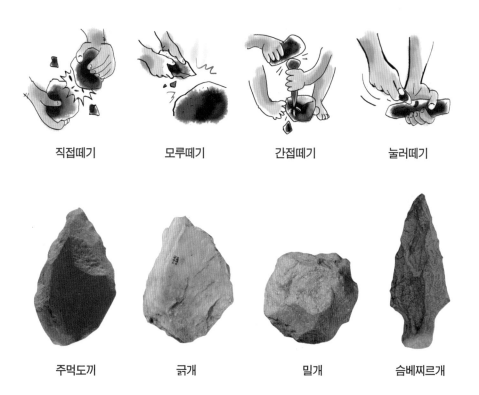

직접떼기   모루떼기   간접떼기   눌러떼기

주먹도끼   긁개   밀개   슴베찌르개

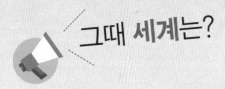

그때 세계는?

구석기인들은 세계 곳곳으로 퍼져 나갔어

사냥하기 좋은 곳을 찾아 나선 구석기인들은 걸어서 갈 수 있는 곳이라면 어디든 갔단
다. 날카로운 뗀석기와 굳센 다리로 먹거리를 찾아 아무리 먼 곳이라도 마다하지 않았지.

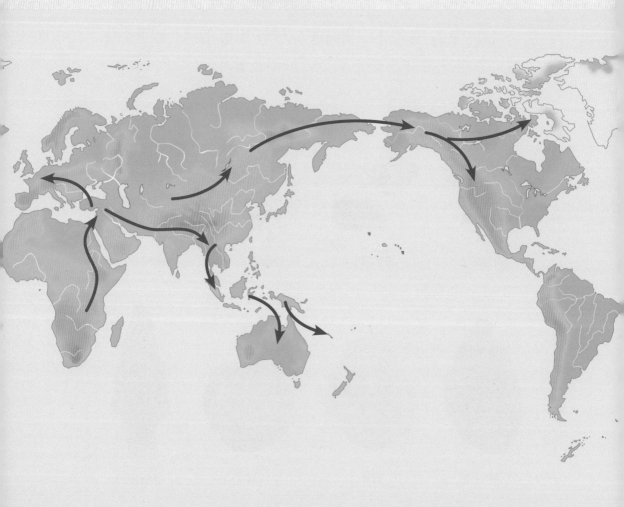

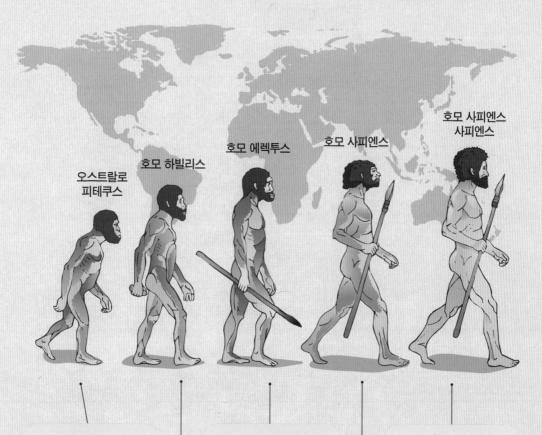

오스트랄로
피테쿠스

호모 하빌리스

호모 에렉투스

호모 사피엔스

호모 사피엔스
사피엔스

나는 최초의 인간
오스트랄로피테쿠스야.
짐승들에게도 쫓기는
초라한 도망자였지.

굳센 다리와 섬세한
도구를 만드는 나는 호모
에렉투스야. 불과 언어를
쓰는 곧게 선 사람으로
진짜 사냥꾼이 되었어.

지혜롭고 지혜로운
인간인 호모 사피엔스
사피엔스라고 해. 최초의
예술인인 나는 너희들의
직접적인 조상이란다.

나는 드디어
돌 도구를 만든
호모 하빌리스야.
손 쓴 사람이란 뜻이지.

시체를 매장하고
죽은 뒤의 세상을 생각하는
상상의 힘을 가진 나는
호모 사피엔스야. 적응력이
뛰어나 어디에서든 살았지.

150억 년 전
빅뱅

46억 년 전
지구 탄생

350만 년 전
인간 탄생

70만 년 전
구석기 시작!

BC 8000년경
신석기 시작!

3장

신석기인은 씨앗의 비밀을 알게 됐어

나는 신석기 시대 이야기를 들려줄 씨앗이야.

신석기인은 씨앗의 비밀을 알게 되었어.

그래서 농사를 지어 놀라운 발전을 하게 됐지.

그 이야기를 듣고 싶다면 나를 따라와!

씨앗이 들려주는 신석기 이야기

『호락호락 한국사』를 읽는 친구들, 안녕! 나는 조그마한 씨앗이야.

돌을 부딪쳐 뗀석기를 쓴 시대는 구석기, 돌을 숫돌에 갈아 간석기를 쓴 시대는 신석기라고 하는 건 다들 잘 알 거야. 나는 돌을 다루는 기술이 훨씬 좋아진 신석기 시대의 이야기를 들려줄 씨앗이야. 수많은 씨앗 중에서도 곡식 씨앗이지.

씨앗이 신석기 시대 이야기꾼이라니까

"쪼그만 씨앗이 뭘 안다는 거야?"

하는 친구도 있을 거야. 그러나 내 이야길 다 듣고 나면

"아, 딱이네. 신석기 시대의 이야기꾼은 씨앗이 딱이야."

이렇게 말하게 될걸? 자, 이제 이야기 들어간다~.

다양한 종류의 간석기

엄마 품속 같은 날씨

딴지양이 너~무 오래 걸린다고 투덜대던 구석기 시대는 1만 년 전 날씨 때문에 끝이 났어! 춥고 변덕스럽던 날씨가 엄마 품속처럼 따뜻해지면서 사는 모습이 아주 많이 바뀌었지. 봄기운으로 생글생글 생기를 머금은 지구를 떠올려 봐! 세상의 온갖 것이 깨어난 듯한 변화에 인간은 신이 났을 거야. 봄이 오면 산에 들에 꽃이 가득하듯 물에는 물고기와 조개가 넘쳐 났거든. 그러니 강가나 해안가로 내려와 움집을 짓고 마을을 이뤄 살았지. 이제 인간은 들판을 헤매며 사냥을 하거나 채집하는 것에만 매달리지 않아도 되었어. 강가나 해안가에서도 얼마든지 먹거리를 구할 수 있었으니까. 날씨가 사냥꾼이던 인간에게 어부라는 새로운 직업을 만들어 준 셈이지.

어머, 그렇다고 사냥을 그만둔 건 아니야. 동물도 바뀐 환경에 맞춰 크기가 작아졌기 때문에 몸집이 클 때보다 사냥이 쉬워졌거든. 인간은 먹거리가 풍족해지면서 사냥감을 그 자리에서 먹지 않아도 될 만큼 여유가 생기자 길들이기 쉬운 동물은 우리에 가둬 놓고 키우게 됐어. 돼지나 소와 말 등을 가축으로 키우게 된 거야. 가축은 새끼를 낳아 수를 불려 주고 마을에 즐거운 일이 있으면 맛난 고기가 되어 주기도 했지.

슬기로운 신석기인은 얼마 지나지 않아 능숙한 어부가 되었어. 사나운 동물을 쫓는 일보다 쉬운 데다가 물 반, 고기 반이랄 정도로 다양한 물고기들이 넘쳐 났으니까 말야. 이제 신석기인은 물고기를 잡

미늘
끝이 뾰족해서 고기가 물면 빠지지 않게 만든 작은 갈고리야.

기 위한 새로운 도구들을 쏟아 내기 시작했어. 그럼, 어떤 도구들이 만들어졌는지 보러 갈까? 먼저, 신석기인에게 새로운 먹거리를 내어 준 강가나 해안가로 가 보자.

얕은 물속에 들어가서 긴 막대로 물고기를 낚는 사람이 보이니? 저건 작살이라는 건데 돌이나 동물 뼈로 뾰족하고 날카로운 **미늘**을 만들어 긴 막대에 연결한 낚시 도구야. 삼각형 모양의 뾰족한 미늘이 여러 개 겹쳐진 모양이라 물고기의 몸통에 한 번 박히면 절대로 빠지지 않지.

작살

미늘

그물

미늘

작살

미늘

오랜 사냥의 경험과 깊은 생각이 만들어낸 명작이라
고나 할까? 저렇게 작살에 물고기가 뚜르르 꿰어져
올라오면 좋아서 입이 저절로 벌어졌을 것 같아. 너
희들도 한 번 해 보고 싶지 않니?

대롱
가늘고 속이 빈 기다란 토막을
대롱이라 하는데, 신석기 시대의
낚싯바늘 대롱은 돌로 만들었어.

대롱

미늘

어머나, 낚싯바늘로 물고기를 낚아 올리는 아이도
있구나. 이 모습은 지금도 너희가 흔히 볼 수 있는
광경 아니니? 아빠를 따라 낚시를 가 봤던 친구들은
잘 알겠네. 그런데 이 낚싯바늘 좀 자세히 봐. 갈고
리 모양의 낚싯바늘이 이중으로 되어 있어. 돌은 섬
세하게 갈아서 대롱으로, 확 구부러져야 하는 미늘은
동물의 뼈를 날카롭게 갈아서 이어 놓았네? 돌만으로 갈고리 모양을
만드는 게 힘들어서 그랬나 봐. 뼈로 만든 미늘을 이어서 갈고리를
만들겠다는 생각을 하다니 정말 영리하고 재미있는걸? 닳거나 망가
지면 바꿀 수 있으니까 하나도 걱정할 게 없었겠다. 그런데 이건 최
초의 조립식 도구였던 슴베찌르개에서 발전한 거 아닐까? 하여튼 신
석기인들, 참 기발하다!

여럿이서 들고 있는 저것은 물고기를 대량으로 잡
을 수 있는 그물이야. 그물의 끝에 주르륵 달린 건
그물추라고 하는데, 납작한 돌의 양 옆에 홈을 파
서 그물의 끝과 묶은 거야. 홈을 판 건 그물 실
이 빠지지 않도록 잘 묶기 위해서였어. 그래야
돌의 무게 때문에 그물이 물속에서 쫘악 펴지

그물

그물추

면서 가라앉겠지? 그렇게 그물을 펼치고 사람들은 느긋하게 기다렸을 거야. 아무것도 모르는 물고기들은 그물망 안으로 쏙쏙 들어왔을 테지? 그러면 양 끝에 있던 사람들이 그물망을 좁혀 가면서 물고기를 잡았을 거고. 물고기가 그물 안에 가득하면 얼마나 신이 났을까? 이 사람들, 정말 머리 좋다!

그런데 신석기인의 새로운 일터가 왠지 낯설지가 않잖아? 지금의 낚시터와 거의 비슷하지. 그건 낚시 도구나 낚시 방법이 크게 달라지지 않았기 때문일 거야. 신석기인은 낚시의 원조인 셈이지.

모험심이 강했던 이들은 가까운 해안뿐만 아니라 바다로도 나아갔어. 통나무배를 만들어 고래를 잡기도 하고 멀리까지 나가 다른 지역 사람들과 교역도 했지. 그건 배 만드는 기술이 뛰어나고 바다의 흐름과 바람의 세기를 잘 알아야 할 수 있는 일이야. 강가나 해안가에서 물고기를 낚던 신석기인이 얼마나 용감하고 멋진 바다 사나이

신석기인이 먹고 버린 조개더미(오이도 패총)

가 됐는지는 이야기가 끝날 때쯤 반구대 암각화로 보여 줄게. 그게 뭔지 궁금하다면 내 이야기를 끝까지 잘 따라오면 돼.

저 무덤처럼 생긴 건 조개더미야. 신석기인이 먹고 버린 조개껍데기가 쌓인 거지. 그러면 이곳이 신석기인의 쓰레기장이었냐고? 꼭 그렇지만은 않아. 조개껍데기로 장신구를 만들어 필요한 물건과 바꾸었다니 최초의 예술 공방이라고도 할 수 있지. 몇 천 년이 지났는데도 지금까지 이렇게 남아 있는 걸 보면 신석기인은 조개를 엄청 먹었나 봐. 모래톱에 모닥불 피워 놓고 가족이 빙 둘러앉아서 조개를 구워 먹는 모습은 너희들이 휴가 가서 조개를 구워 먹을 때의 모습과 크게 다르지 않을 거야. 빛바랜 사진처럼 신석기 가족의 모습이 그려지는 것 같은데?

모든 걸 확 바꾼 곡식 씨앗

씨앗이 모든 걸 바꿨다는 제목을 보고 "씨앗이 어떻게?" 하고 믿지 않는 친구도 있겠지. 그런데 이 말은 사실이야. 씨앗이 얼마나 어마 어마한 존재인지 밝힐 때가 왔구나!

아마 인간은 오래전부터 우리 씨앗에게 반했던 거 같아. 동물은 살아 있는 것을 계속 먹어야만 죽지 않고 사는데 식물은 물과 햇빛만으로도 충분하잖아? 그리고 작은 씨앗을 남기고 세상에서 사라진 줄 알았는데 이듬해 봄이 되면 어김없이 또 싹을 틔우거든? 인간의 눈엔 그게 다시 살아나는 것처럼 보였을 거야. 그래서 홍수아이 무덤에 꽃을 뿌렸던 거 아닐까? 꽃처럼 다시 살아나길 바란 거지. 이런 씨앗의 신비는 자연의 신만이 부리는 마법인 줄 알았는데 인간도 할 수 있게 되었어!

기후가 따뜻해지면서 육지 동물과 바다 동물만 바뀐 게 아니야. 식물들의 종류도 다양해졌어. 그리고 무엇보다도 우리 씨앗이 싹을 틔우고 잘 자랄 수 있게 되었지. 한참을 강이나 바다에서 물고기를 잡으면서도 늘 먹거리가 될 만한 것들에 눈을 떼지 않았던 신석기인은 씨앗 중에서도 곡식 씨앗을 눈여겨봤어. 그러더니 역사를 확 바꿀 만한 선택을 했지. 씨앗을 먹거리로 가꾸는 농사를 시작했던 거야. 자연에 기대어 빼앗아만 먹더니 이제 인간은 직접 생산을 해서 먹게 된 거지. 이 생산의 마법은 신석기 혁명이라고 할 만큼 인간의 모든 것을 확 바꿔 놓았어. 먹는 것, 입는 것, 사는 곳까지 말이야.

사냥 대신 농사

자, 이제 신석기인의 마을로 가서 신석기 혁명으로 확 바뀐 모습을 확인해 볼까?

신석기 마을

마을 어귀로 들어서니 또 새로운 일터가 보이네. 모두 함께 밭을 일구어 놓은 게 보이지? 신석기인들, 참 부지런도 하다.

구석기인은 동물을 잡고 채집도 하느라 날마다 잠실운동장 대여섯 바퀴씩 도는 수고를 해야만 먹고 살았어. 그들도 고달픈 생활을 했지만 신석기인이 뒤늦게 선택한 농사도 쉬운 일은 아니었어. 여럿이 힘을 들이고 많은 노력을 기울여야만 하는 고단한 노동이었

돌괭이로 땅 고르기

돌보습으로 땅 갈기

지. 처음부터 농사가 잘 되는 기름진 땅이 있었던 건 아니니까 먼저 씨앗을 뿌릴 땅을 마련해야 했어. 그렇게 하려면 땅에 깊이 박힌 잡초와 돌부터 골라내야 했지. 옆의 그림은 동물의 뿔이나 돌로 만든 괭이로 땅을 파고 잡초를 뽑는 모습이야. 돌괭이를 내려칠 때마다 얼마나 힘이 드는지 땀을 많이 흘리던걸?

신발 바닥 모양의 넓적한 돌을 긴 막대에 묶은 저것은 돌보습이라는 거야. 두 사람이 양쪽에서 힘을 주면서 땅을 파기도 하고 갈기도 하는 거지. 두 사람의 마음이 잘 맞아야 힘이 덜 들었겠지? 잡초 뿌리가 꽤나 질긴가 봐. '휴우' 하면서 한숨을 쉬고 있네. 그래도 저렇게 해야 씨앗을 품는 땅이 되니 어쩌겠니? 소를 끌어다 하면 될 걸 괜한 고생을 하고 있다고? 얘들아, 신석기 시대의 농사는 아직 시작한 지 얼마 안 되어서 소의 힘을 빌릴 만큼 발전한 게 아니란다.

이렇게 힘들여 농사를 지었는데도 거둬들인 곡식은 쌀이 아니었어. 쌀농사는 짓기가 아주 까다로웠기 때문에 피나 기장, 조와 수수 같은 곡식이 먼저 재배되었지. 피나 기장 같은 곡식을 먹고 어떻게 살았을까 의아한 친구들도 있을 거야. 그래서 농사짓는 기술이 늘어서

쌀농사를 지을 때까지 신석기인은 여러 가지 일을 해야만 했어. 사냥도 해야지, 물고기도 잡아야지, 농사도 지어야지…… 직업이 세 개로 늘어난 거냐고? 그래, 신석기인도 너희 엄마, 아빠만큼이나 바빴단다.

아무튼 농사를 지으면서 가장 크게 변한 건 인간이 한군데 눌러 살게 됐다는 거야. 어려운 말로 정착이라고 하지. 정착하지 않고는 농사를 지을 수 없었어. 왜냐하면 우리 씨앗이 좀 까다롭거든. 늘 적당한 물과 영양분 그리고 세심한 손길이 필요해서 주의 깊게 돌봐 주어야 했으니까. 인간은 생산의 매력에 푹 빠져 어찌 보면 스스로 우리의 노예가 됐던 거 같아. 먹거리를 곡식으로 선택하면서 떠돌이가 아닌 정착민이 됐지만 그 대가도 만만치 않았던 거지.

동굴 대신 움집

그럼 이제 그만 마을로 들어가서 움집을 구경해 볼까? 구석기인은 떠돌아다니며 무리 생활을 하느라 동굴에서 살았지만 신석기인은 물가나 언덕에 정착했기 때문에 집을 지어야 했어. 막집을 지었던 기술이 발전해서 움집을 지을 수 있게 된 거야. 막집이나 움집이나 거기서 거기라고? 지금 너희들이 살고 있는 집하고 비교하면 그렇겠지만 우리 역사에서 맨 처음 만들어진 집이라는 걸 생각해 주렴.

햇볕이 잘 드는 쪽으로 대문을 낸 걸 보니 참 많이 생각하고 집을 지었네. 땅을 1미터쯤 파고 내려가 단단한 나무로 기둥을 세운 다음

서까래를 비스듬히 뉘여 그 위에 풀이나 짚으로 지붕을 올렸구나. 땅을 파고 지은 집을 움집이라고 하는데 이렇게 지으면 무엇이 좋은지 아니? 땅의 온기로 추위와 바람을 피할 수 있고 여름엔 태양열을 덜 받아 시원하대. 생각보다 꽤 과학적이지? 그리고 움집은 한 가족이 살기에 적당한 크기였어. 단칸방이긴 했지만 구석기인의 동굴처럼 다 함께 살지 않아서 오붓하니 좋았을 거야.

자, 이번엔 어떤 주방 도구들이 있는지 살펴볼까?

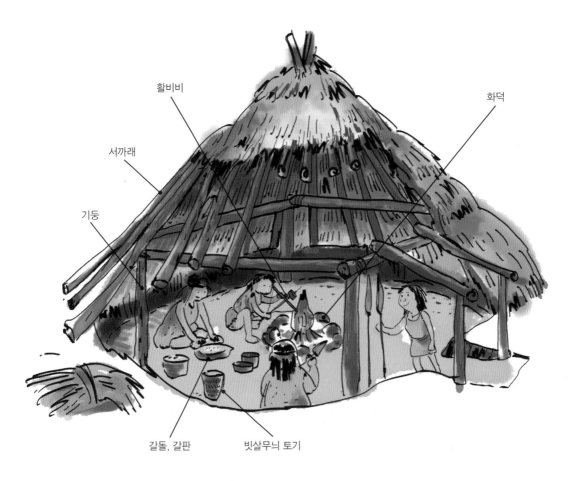

활비비
화덕
서까래
기둥
갈돌, 갈판
빗살무늬 토기

집의 한가운데를 움푹하게 파서 돌로 테두리를 두른 건 화덕인데, 신석기판 레인지라고 할 수 있지. 호오, 뜨끈뜨끈하게 덥힌 테두리 돌이 난방도 되었다니 너희가 쓰는 레인지보다 훨씬 나았겠는걸? 그렇다면 불은 어떻게 피웠냐고? 활비비로 돌에 마찰을 일으켜 불을 피웠지. 그리고 아주머니가 부지런히 움직이고 있는 것은 갈돌과 갈판이라는 건데, 곡식의 껍질을 벗기거나 가는 데는 아주 그만이었어. 이걸로 산에서 주워 온 단단한 도토리 껍질도 벗기고 곡식은 가루를 내어 죽을 쑤어 먹기도 했을 거야.

귀퉁이에 있는 빗살무늬 토기에는 무엇이 들었을 것 같니? 곡식? 딩동댕! 물고기를 잡던 때부터 해안가의 모래톱에 박아 쓰던 끝이 뾰족한 빗살무늬 토기에는 곡식을 저장하기도 했어. 토기는 진흙을 600도의 높은 온도에서 구워 냈기 때문에 쉽게 깨지지도 않고 물이 새지도 않았어. 그래서 밑이 평평하고 다양하게 생긴 토기는 화덕에 올려놓아 음식을 찌고, 삶고 끓이는 데 쓸 수 있었지. 생각보다 신석기인의 식탁엔 먹을 게 많았을 거 같지 않니? 아, 그런데 여기서 잠깐! 빗살무늬 토기만 알고 있는 친구는 깜짝 놀라는 눈치네? 신석기 시대에는 빗살무늬 토기만 있었던 건 아니야. 쓰임새에 맞는 여러 모양의 토기가 있었어. 그중에 널리 오래 쓰였던 토기가 빗살무늬 토기인 데다, 곡식을 저장했다는 것을 한눈에 보여 주기 때문에 신석기의 대표 유물이 된 거야.

죽 둘러보니 움집은 아담하고 주방 도구는 아기자기한 데다 생활 도구는 가지런히 챙겨져 있구나. 온기도 느껴져 따뜻하고 말이야. 가족이 옹기종기 모여 앉아 자기가 해야 할 일을 열심히 하는 모습도 참 보기 좋지? 마을에 있는 집의 크기가 비슷비슷한 걸 보니 구석기 때처럼 똑같이 나누며 평등하게 살았나 봐. 그것도 참 보기 좋은데!

암사동 신석기 마을

가죽옷 대신 실로 짠 옷

섬유 옷

자, 곡식을 먹고 움집에서 가족끼리 사는 건 다 둘러 봤으니 이젠 무엇을 입고 살았는지 알아봐야지. 오우, 이 멋쟁이 아가씨는 누구지?

구석기인은 풀이나 식물 껍질을 얼기설기 엮어 두르거나 가죽으로 만든 옷을 입었는데 어머나, 이 신석기 소녀는 실로 짠 옷을 입었어! 놀랍지 않니? 대체 어떻게 만든 것일까?

오호라, 바로 이게 그 비밀을 풀어 줄 열쇠로구나. 동그랗게 생긴 이것은 가락바퀴라는 거야. 가락바퀴 가운데에 구멍이 뚫린게 보이니? 가락바퀴는 이 구멍에 막대 가

가락바퀴

락을 꽂아 실을 잣는 도구야. 이걸로 어떻게 실을 잣는지 도통 모르겠다고? 그림을 보면서 잘 들어봐.

먼저 식물의 줄기를 가늘게 쪼개서 여러 가닥의 가느다란 줄을 만드는 거야. 이 줄들을 막대 가락에 감고 묵직한 가락바퀴로 돌리면 줄들이 꼬이면서 실이 되는 거지. 그러면 실을 이어서 더 긴 실을 만들어 베틀에 놓고 씨실과 날실로 엮어서 옷감을 짜는 거야. 그 옷감

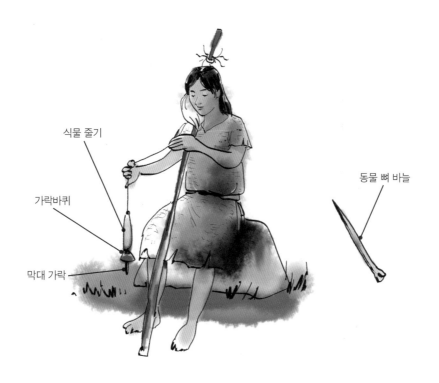

식물 줄기

가락바퀴

막대 가락

동물 뼈 바늘

을 동물의 뼈로 만든 바늘로 꿰매어 옷을 만들어 입는 거지. 한 줄 한 줄, 한 땀 한 땀 사람 손이 가야 했기 때문에 시간이 꽤 오래 걸렸을 테지만 세상에 단 한 벌뿐인 귀한 옷이 만들어졌으니 얼마나 소중했겠어? 신석기 소녀도 이렇게 공들여 만든 옷을 뽐내고 싶었을 거야.

천연 장신구

아차, 옷에 대한 이야길 하느라고 장신구를 빠뜨릴 뻔했네. 조개껍질 묶어 목에 걸고, 조가비 팔찌를 차고 동물의 송곳니로 발찌까지 한 이 소녀가 만약 지금, 서울 한복판에 나타난다면 어떨까? 그다지 이상해 보이지도 촌스럽지도 않을 것 같지? 단지 '무슨 행사가 있나 봐' 하는 정도지, 주위를 에워쌀 만큼 괴상한 차림으로 보이진 않을

동삼동 조개더미에서 발견된 유물 장신구

거야. 그만큼 현대에 가까워졌단 얘기지.

그런데 이 소녀가 장신구를 한 건 멋을 내기 위한 것만이 아니야. 뭔가를 간절히 바라는 마음으로 장신구를 한 거래. 아마도 더 많은 조개와 물고기가 잡히길 바라지 않았을까? 아니면 위험으로부터 자신을 지켜 주길 바라는 마음이 담겼거나…….

지금까지 신석기 혁명이 사람들이 사는 모습을 어떻게 변화시켰는지 살펴봤는데, 짧게 정리하면 먹거리는 사냥과 채집에서 곡식으로, 사는 곳은 동굴에서 움집으로, 입는 것은 가죽옷에서 실로 짠 옷으로 바뀌었어. 이렇게 의식주가 한꺼번에 바뀌었기 때문에 신석기 혁명이라고 하는 거란다.

그런데 이렇게 큰 변화는 바로 곡식 씨앗에서 시작했다는 것을 잊지 마. 농경이 시작됐기 때문에 신석기 혁명이 일어날 수 있었던 거니까! 친구들, 내가 왜 신석기 시대에 딱 맞는 이야기꾼인지 이제 저절로 고개가 끄덕여지겠지? 아~ 뿌듯해. 내가 인간의 역사에 혁명을 일으킨 덕분에 곡식 씨앗은 지구에서 가장 성공한 씨앗이 됐어. 여전히 인간이 정성을 다해 씨앗의 수를 불리고 있으니까 말이야. 고마워, 신석기인들!

아, 그리고 변화하는 세상에 착착 맞게 만들어낸 도구들은 지금 쓰는 도구들의 원조였다는 것도 잊지 마. 앞에서 보여 준 도구들이 지금은 어떻게 발전했는지 직접 보면 금방 이해할 수 있을 거야. 그건 숙제로 남겨 줄 테니 친구들이 찾아보도록 해. 내 이야기를 잘 들은 친구들은 앉아서 떡 먹기일걸?

신석기 시대 도구들이 현대에는 어떤 모습으로 바뀌었을까? 맞는 것끼리 선을 그어 보렴.

작살 ●   ● 대형 그물

낚싯바늘 ●   ● 쇠 낚싯바늘

그물 ●   ● 쇠 곡괭이

돌괭이 ●   ● 수중총

돌보습 ●   ● 분쇄기

갈돌 갈판 ●   ● 쇠 쟁기

토기 ●   ● 그릇

가락바퀴 ●   ● 아파트

화덕 ●   ● 방적기

움집 ●   ● 레인지

(정답: 작살-수중총, 낚싯바늘-쇠 낚싯바늘, 그물-대형 그물, 돌괭이-쇠 곡괭이, 돌보습-쇠 쟁기, 갈돌 갈판-분쇄기, 토기-그릇, 가락바퀴-방적기, 화덕-레인지, 움집-아파트)

사라져 가는 신석기인의 선물 - 반구대 암각화

신석기인의 선물이라니 유물이나 유적인 건 알겠
는데 사라져가는 선물이라니 어째 제목이 좀 슬프
지? 이야기를 다 듣고 나면 더 슬퍼질지도 몰라.

1971년 12월 25일, 한반도에서 가장 오래된 예술
작품인 **반구대 암각화**가 마치 크리스마스 선물처럼
모습을 드러냈대. 문명대 교수님이 울산 태화강변에 답사를 갔는데,
그 지역에 사시는 할아버지가 바위에 그림이 그려져 있다고 하셔서
발견하게 되었어. 거북이가 넙죽 엎드린 모양의 바위에 뾰족하고 단
단한 도구로 새긴 거라 반구대 암각화라고 한다는구나.

반구대 암각화
반구대 암각화는 석기 시대부터
청동기 시대에 걸쳐 새겨진 그림
이라는 이야기도 있어.

울산 반구대 암각화

가로 10미터 세로 3미터가 넘는 바위에 날카로운 돌로 쪼아내고 긁어내어 육지 동물, 바다 동물, 그리고 석기인의 모습까지 300여 개의 그림을 빼곡하게 새겨 놓았어. 크기도 어마어마한 데다 세계에서 하나밖에 없는 고래잡이 그림이라니 꼭 봐야겠지? 먼저 육지 동물부터 감상해 볼래?

육지 동물

호랑이, 표범, 멧돼지, 늑대, 여우 같은 사나운 동물부터 사슴, 너구리까지 아주 다양한 동물들이 그려져 있어. 육지 동물은 쪼아서 새긴 선 그림이 많은데 해부도처럼 몸속 뼈까지 보여 주느라 그런 것 같아.

등줄기를 쫙 편 호랑이와 점이 뚜렷한 표범, 바위 한가운데 꿇어앉은 것 같은 호랑이, 앞으로 내달리는 한 쌍의 멧돼지, 새끼를 가져 배가 불룩한 사슴에 뿔이 아름다운 커다란 사슴 무리를 보고 있자니 석기 시대로 사파리를 나온 느낌이야. 그림이 정말 실감나게 새겨져 있어서 그런가 봐.

호랑이는 확실하게 줄무늬를 긋고 점박이 표범은 점을 뚜렷하게 찍어 언뜻 봐도 구별할 수 있게 잘 그렸어. 그런데 바위 가운데 호랑이는 왜 꿇어앉아 있

❶ 등을 쫙 편 호랑이 ❷ 점이 뚜렷한 표범

는 걸까? 오마나, 자세히 보니 꼬리를 축 내려뜨린 것이 크게 다쳐서 죽어 가고 있는 거 같아. 한 쌍의 멧돼지는 투다닥 내달리는 모습이 사람에게 달려들 것만 같구나? 새끼를 밴 사슴은 몸이 무거워 보이는데 무사히 새끼를 낳게 될까? 그리고 멋진 뿔을 가진 저 사슴 무리는 어디로 가고 있는 건지 궁금해지네. 그림을 들여다보면 볼수록 그림 하나하나에 이야기가 담겨 있을 것 같아서 정말 흥미진진하다!

와, 사냥하는 모습도 자세히 그려져 있어. 어린 사슴을 묶어 놓고 표범을 잡으려는 그림, 찾았니? 그런데 저 사슴, 겁에 질려 애처롭게 우는 것 같아. 왼쪽 위에 커다란 U자 그물도 보이니? 그물이 하도 깊고 탄탄해서 사로잡힌 동물은 절대 빠져나올 수 없었겠다. 사냥한 동물은 울타리에 가둬놓고 기르다 언제건 요긴하게 썼겠지? 오른쪽엔 활을 쏘아 사슴을 잡으려는 남자도 있구나. 아무리 초식동

꿇어앉은 듯한 호랑이

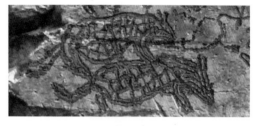

한 쌍의 멧돼지

새끼를 밴 사슴

묶여 있는 어린 사슴과 표범

U자 그물

사슴 사냥하는 남자

물이라지만 사슴 크기가 엄청 커 보이는데 저 남자, 꽤나 용감한걸?

바다 동물 고래

이번엔 세상에서 가장 오래된 고래 그림을 보러 갈까? 신석기인이 바다까지 넘나들며 용맹하게 살았던 이야기를 반구대 암각화로 보여 주겠다고 말했던 거 기억하니? 바로 그 이야기를 할 때가 되었네.

7000여 년 전의 한반도엔 반구대 암각화가 그려진 태화강변까지 바닷물이 들어왔대. 그래서 뛰어난 어부이기도 했던 신석기인은 고래 사냥꾼이 되었던 거야. 그 경험을 전하기 위해 바위 면을 긁어서 60마리가 넘는 고래의 종류와 특징까지 자세하게 그려 놨어.

바위의 왼쪽 맨 위에 돋을새김처럼 작은 새끼 고래를 업고 있는 고래가 보일 거야. 이 고래는 귀신고래라고 하는데 집채만 한 몸집에 따개비를 잔뜩 붙이고 다니지만 자식 사랑은 유별나서 새끼를 업고 다닌대. 새끼일 때는 물속에서 숨

아기 업은 귀신고래

을 잘 못 쉬어서 그런다나 봐. 그런데 왜 이 미끈하게 잘생긴 고래를 귀신고래라고 할까? 그건 이 고래가 영리해서 요리조리 잘 피해 다니는데, 귀신처럼 나타났다가 귀신처럼 사라진다고 뱃사람들이 붙인 이름이래.

바로 밑엔 귀신고래도 한반도의 용감한 고래 사냥꾼을 피할 순 없었는지 작살을 맞은 그림이 있네? 저런, 날카로운 작살에 심장 부분을 맞아 몸을 비틀며 고통스러워하고 있어. 그림이 어찌나 생생한지 고래의 몸부림과 비명이 들리는 것 같다.

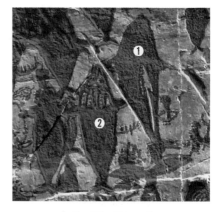

❶ 작살 맞은 고래
❷ 목주름 선명한 고래

옆에는 바위를 긁어내어 귀신고래의 휘어진 입과 깊고 짧은 목주름을 그렸는데 고래 그림들은 고래 전문가들도 깜짝 놀랄 정도로 아주 정확하게 그렸다고 하더라고.

그리고 그 아래에 있는 그림은 지구 역사상 모든 동물 중에서 가장 몸체가 크다는 흰긴수염고래야. 얼마나 크냐고? 놀라지 마. 심장이 자동차만 하대. 이 그림에서도 제일 크잖아. 그래서 엄마들이

"말 안 들으면 흰긴수염고래 부른다!"

이런다면서? 그러나 절대 부를 수 없다는 거 너희들도 다 알지? 어쨌든 이 거대한 고

흰긴수염고래

래는 배 부분에 특이한 세로 줄이 있는데, 그 특징을 살리느라고 면을 파낸 다른 고래와는 다르게 선을 파서 새겼어. 정말 섬세한 신석기인 아니니?

왼쪽 옆으로 가면 파도를 타면서 신나게 놀고 있는 긴수염고래 세

긴수염고래 세 마리

마리를 볼 수 있을 거야. 세 마리의 고래는 몸을 위아래로 격렬하게 움직이면서 물을 뿜어내고 있는데 물 모양이 하트 모양 같아. 그리고 맨 오른쪽에 있는 긴 수염고래는 입이 활처럼 구부러져 있어. 장난으로 그런 건가 했는데 실제로 이 고래는 물을 두 줄기로 뿜어 올리고 입은 구부러진 활처럼 생겼다지 뭐야? 그 모습을 잘 보여 주려고 한 마리는 옆모습을 그렸어. 신석기 화가들이 얼마나 꼼꼼한지 알겠지?

향고래

바위의 오른쪽 끝엔 머리가 뭉툭한 향고래도 있어. 저 뭉툭한 머리에 드럼통처럼 기름을 이고 다녀서 일찌감치 인간들의 표적이 되었대. 각각의 고래들 특징을 어쩌면 저토록 잘 잡아 그렸을까? 그건 오랫동안 고래를 잡았기 때문일 거야. 직접 잡아 보지 않고서는 생생하게 고래의 모든 것을 보여 줄 수는 없어. 그걸 어떻게 아느냐고? 고래를 잡는 그림이 있으니까 알지. 그 그림을 찾아서 보여 줄까?

바위 가운데에 고래를 잡으려고 출동한 통나무배가 보이니? 저 어마무시하게 큰 범고래를 잡겠다고 스무 명이 넘는 고래 사냥꾼들은 아마도 해가 뜨자마자 바다로 나갔을 거야. 그리고 사슴뿔을 예리하게 깎은 작살 하나로 집채만 한 고래와 사투를 벌였겠지. 대부분의 고래는 몸집은 크지만 사납지는 않은데 범고래만큼은 동족을 잡아먹을 만큼 난폭하대. 그런데도 범고래에 맞서 싸웠던 거야.

이렇게 용감할 수 있었던 건 고래의 약점을 잘 알고 있었기 때문이지. 고래

범고래를 잡으려는 통나무배

는 혈우병이 있어서 한 번 피가 나면 멈추지 않는다고 해. 그것을 잘 알고 있던 신석기인은 단단한 줄이 달린 작살로 고래의 급소를 정확하게 찔렀어. 이것도 오랜 경험이 없으면 할 수 없는 일이지. 그리고 그 줄을 놓지 않은 채 고통에 몸부림치는 고래를 해가 질 때까지 쫓아다녔을 거야. 한 번 꽂힌 작살은 절대 빠지지 않으니까 고래는 서서히 죽을 수밖에 없었겠지. 하루가 꼬박 걸렸을 목숨을 건 사냥이었을 거야. 해가 넘어가는 붉은 바다에 떠오른 고래의 장렬한 죽음과 힘든 승리를 거둔 사나이들의 함성이 들리는 것 같지 않니? 태화강변 신석기인들은 사다리에 매달려 돌을 쪼아내고 긁어내어 그 모

사다리에 매달려 조각하는 사람들
(울산암각화박물관 제공)

든 장면을 새겨 놓았어. 마치 사진처럼 말이야.

그런데 동물 그림을 이토록 정성스럽게 그린 걸 보면 동물을 단순히 먹거리로만 생각했던 건 아닌 것 같아. 옛사람들은 동물도 인간보다 뛰어난 점이 있어서 동물을 먹으면 그 능력까지도 얻게 되는 거라고 생각했대. 그래서 먹거리가 되어 준 것에 감사하고 다 먹은 동물의 뼈는 원래 모습대로 놓아 두었다는 거야. 그러면 다시 태어나 또 고마운 먹거리가 되어 준다고 생각했지. 그러니까 동물을 바위에 빼곡하게 그린 건 많이 잡게 해달라는 뜻도 있지만 동물에게 고마움을 전하려고 한 것이기도 해. 먹거리가 되어 준 생명을 존중하는 예의가 있었던 거지. 이런 그림을 보면서 선사 시대 아이들은 사냥만 배웠던 것이 아니라 생명체의 소중함과 고마움도 함께 배웠겠지? 그러니 암각화는 자연으로 만든 대형 칠판이라고 해도 될 거 같아.

반구대 암각화가 세계적으로 유명한 건 특이하게도 고래 그림이 많기 때문인데 고래 그림을 더 많이 정성껏 그린 건 몸집이 커서 가장 고마운 먹거리여서 그랬을 거야. 그리고 특징도 잘 꿰고 있었던 걸 보면 고래가 신비스런 동물이라는 것을 알고 있었던 게 분명해. 너희들도 뭐가 신비한지 궁금하지?

신비한 능력을 지닌 고래

고래는 6500만 년 전에 태어났어. 인간보다 훨~씬 오래전부터 살았지. 그런데 다른 동물들이 진화할 때 과감하게 **역진화**를 선택했어. 역진화란 땅 위의 동물이었던 고래가 바다로 돌아간 거야. 그 증거는 고래가 새끼를 낳는 포유류라는 거지. 역진화를 한 이유? 그건 나도 모르지. 신기한 건 고래들이 바닷속에서 노래로 대화한다는 거야. 더 놀라운 건 남극의 고래가 노래를 하면 북극의 고래가 그 노래를 듣는다는 거지. 게다가 너무 멀리 있어 언어가 다르면 중간에 통역을 해 주는 고래도 있다는 거야. 믿을 수가 없다고? 얘들아, 인간만이 우수한 능력을 가졌다는 **고정관념**을 버리면 세상을 바라보는 눈이 아주 넓어진단다. 신석기인처럼!

역진화
진화의 방향이 거꾸로 거슬러 올라가는 것을 말해.

고정관념
어떤 것에 대한 생각이 굳어 있어 변하지 않는 것을 말해.

고래에 관한 놀라운 이야기는 여기서 끝이 아니야. 남극에서 부른 고래의 노래는 북극까지 가는 데 4분이면 된대. 북극의 고래가 잘 들었노라 답하는 노래가 남극으로 가는 데도 4분. 그러니까 고래들은 8분이면 바다를 다 연결하는 초고속 통신망을 6500만 년 전부터 가지고 있었다는 거지. 인간보다 연락을 주고받는 능력이 훨씬 뛰어났을 뿐만 아니라 듣기 좋은 노래 인터넷망까지 가지고 있었다니 정말 놀랍지?

이렇게 노래로 대화하고 살아서인지 범고래만 동족을 잡아먹을 뿐 다들 평화롭게 살고 있어. 고래는 노래로 대화하며 평화롭게 살기 위해 바다로 간 건지도 모르겠다. 땅 위는 소리를 전하는 데 방해꾼들이 많지만 바다는 그렇지 않거든. 고래는 목뼈 7개가 다 붙어 있어서 고개를 자유롭게 돌릴 수 없어. 그래서 직진밖에 할 수 없지. 그 때문에 그물망에 자주 걸린다고 고래를 미련한 동물로 보기도 하는데, 그건 고래를 몰라서 하는 소리야. 고래는 인간보다 진정한 소통과 평화를 아는 위대한 동물일지도 몰라.

고래의 이런 신비한 능력을 벌써 알았던 신석기인은 기념사진이라도 찍듯 고래를 정성스럽게 돌에 새겼던 거지. 그 고래들을 하나하나 들여다보면 왠지 고래를 사랑했던 거 아닐까 하는 생각도 들어.

신음하는 반구대 암각화

그런데 말이야, 7000년 이상을 버텨 온 반구대 암각화가 발견된 지 45년 만에 많이 훼손되고 말았다지 뭐니?

발견되던 해에 보물 285호가 됐지만 울산 시민이 먹을 물을 마련하기 위해 만들어진 사연 댐 때문에 반구대 암각화의 슬픔은 시작됐어. 사연 댐에서 물을 내보내면 반구대가 물에 잠기는 거야. 1년 중 8개월을 물속에 잠겨 물살과 벌레 때문에 그림이 떨어져 나가고, 겨울이 되면 물이 빠지긴 하는데 이번엔 따가운 햇볕에 그림이 부서졌던 거지. 문화재가 중요하냐, 식수가 먼저냐를 다투느라 가치를 따질 수도 없는 어마어마한 7000여 년 전 유산을 망가뜨린 거야. 분명 문화재도 보존하고 식수 문제도 해결할 수 있는 방법이 있었을 텐데…….

반구대 암각화가 물에 잠긴 모습

그런데도 여전히 반구대 암각화를 보존할 뚜렷한 대책을 못 세우고 있대. 그러면서도 세계문화유산에는 올리겠다고 한다네? 이런 창피한 사실이 알려지면 세계적인 문화유산을 훼손했다고 오히려 망신만 당하는 게 아닐까 걱

정스러워. 내가 왜 반구대 암각화를 사라져가는 선물이라고 했는지 이제 알겠지?

신석기인은 문자가 없어서 기록은 못했지만 문자보다 값지고 생생한 거짓 없는 역사를 암각화에 남겼어. 그런데 심하게 훼손된 반구대 암각화의 모습을 본다면 신석기인은 얼마나 슬플까? 자신들이 얼마나 열심히 살았는지 보여 주는 흔적이 사라지는 걸 보면서 이 땅에 살았던 신석기인의 존재도 사라지고 있다며 울지 않을까?

신석기인의 얼굴

제사장

피리 부는 사람

배를 타고 있는 신석기인

저자가 직접 강의하는 호락호락 한국사 3장
왼쪽의 QR코드를 찍어서 저자의 강의를 들어 보세요!
만약 QR코드가 안 될 경우에는 아래 링크로 들어오세요.
http://blog.naver.com/damnb0401/221058679935

토론 주제 : 문화재가 식수보다 중요한 걸까?

토론자 : 암각화 제사장 🏃 , 귀신고래 🐋 , 포르투갈의 라울 👧 ,

울산의 태화 👧 , 그렁군 😟 과 딴지양 👧

여기가 호락호락 토론방이니?

어? 여기가 호락호락 토론방이긴 한데 넌 누구니?

나는 포르투갈에서 온 라울이라고 해. '문화재가 식수보다 중요한 걸까?'라는 이야기를 나눈다고 들었는데.

헐레벌떡! 여가 호락호락 토론방이가?

어. 그런데 넌 누구?

내는 태화라 하는데 울산 시민 대표로 왔데이. 문화재가 중요한가, 사람 먹는 물이 중요한가 따진다믄서?

아니, 뭐 따진다기보다는 그냥 이야기를 나눠 보자는 거지~.

내는 사람 먹는 물이 더 중요하다고 생각한데이. 요즘은 비도 안 와서 물이 을매나 귀한 줄 아나? 거, 뭐 돌덩이에다 잘 뵈지도 않는 그림 그려 논 게 뭐 그리 중요하다꼬 이 난리고?

참 섭섭하다. 먼 옛날에는 우리를 바다에서 나는 식량이라고

그리 소중하게 여기더니 이젠 먹는 물이 더 중요하다고 우리를
귀찮아하는 거 같네.

고래를 사냥한 게 소중하게 생각한 거가? 웃긴데이. 고래 니들
은 원시인들이 잡아먹은 사냥감이었을 뿐이래이.

어허, 애야! 고래는 그냥 사냥감이 아니었어! 우리의 배와 영혼
을 채워 준 위대한 생명체였지. 바위에 새겨진 모든 동물들은
우리에겐 다 소중한 생명체들이야. 바다와 땅의 동물들이 먹
거리가 되어주는 게 고맙고 다시 태어나 또 먹거리가 되어 주
길 바라는 마음에서 우리는 정성스럽게 바위에 하나하나 새겨
둔 거란다.

우리가 인간의 먹잇감이 되긴 했지만 태화강변 사람들은 정말
용감했어! 통나무 하나에 몸을 의지한 채 돌창을 던져 고래 몸
에 올라타서는 지칠 때까지 매달렸지. 저희보다 수십 배나 큰
우리에게 겁도 없이 말이야. 우리 고래들은 살려고 안간힘을
썼지만 인간의 놀라운 의지를 꺾기는 힘들었지.

고래는 장렬하게 죽으면서 우리에게 소 200마리 분량의 먹거
리를 주었어. 정말 소중한 먹거리였지. 고래야, 정말 고마웠다!

우리를 사냥감으로만 생각하지 않고 늘 고마워하며 바위에 새
겨 다시 태어나길 빌어 주어서 뭐, 그렇게 나쁘지만은 않았어.
우리는 경치 좋은 태화강변 반구대에서 오래도록 서로 이야기
를 나누며 쉴 수 있었거든. 새끼를 업고 다니면서도 귀신처럼
잘 피해 인간들 약을 올리던 이야기가 얼마나 신이 나는지 너

희들은 모를 거다. 물을 뿜어 올리며 물살을 가르던 개구쟁이 긴수염고래 들의 수다가 얼마나 유쾌한지도! 덩치가 산처럼 큰 흰긴수염고래도 그들의 이야기에 맞장구를 치며 즐거워했지.

풍어제
물고기가 많이 잡히길 바라며 드리는 제사야.

부구
잡은 고래를 물에 띄워 가져오는 커다란 가죽 주머니지.

그렇지! 반구대는 동물이나 사람이나 살아온 이야기를 전하는 곳 아닌가? 우리 인간들도 살아온 이야기를 나누는 건 해도 해도 질리지가 않았지. 우리가 먼 바다로 나가기 전 **풍어제**를 올리던 이야기나 들로, 산으로 사냥을 나갔던 모험담은 밤을 새워도 재미있었거든. 특히 범고래를 잡던 이야기는 우리 가슴을 뛰게 했어. 파도보다 높게 뛰어오르는 사나운 범고래와 하루 종일을 싸워 **부구**에 끌고 오던 때의 감격은 절대 잊을 수가 없지!

그렇군, 암각화의 그림 하나하나가 다 이야기를 품고 있다더니 정말인가 봐.

물론이야! 세상의 모든 암각화는 선사인이 남긴 역사책이거든. 우리 포르투갈에도 무려 1000여 개의 바위에 1만 점의 그림을 남긴 암각화가 있지.

뭐? 1000개의 바위에 1만 점의 그림? 어마어마하다! 그게 다 그대로 남아 있다는 거야?

당연하지! 우리는 그곳을 국립공원으로 만들었거든. 대규모 야

외 구석기 유적으로 아주 유명한데, 몰랐나 보구나?

어. 사실 우리나라의 반구대 암각화도 이번에 처음 알게 됐어. 우린 이렇게 훌륭한 그림이 있는 줄도 몰랐어.

뭐야? 반구대 암각화는 세계의 고고학자들이 인류 최고의 문화유산이라고 하던데? 인류 최초의 고래잡이가 이루어진 곳이 바로 이 한반도고 그걸 증명하는 것이 반구대 암각화라고 하던데, 그걸 모르다니 이해가 안 간다.

뭐라카노? 반구대가 그리 유명한 문화제라꼬?

그래! 그래서 나는 일부러 이곳까지 구경하러 왔는데? 반구대 암각화는 세계인이 보호해야 할 문화재가 될 거야. 어라, 유네스코 잠정 문화유산이 된 것도 모르는가 보구나? 너희들, 문화재에 대해 너무 무심한 거 아니니?

오마나, 우리가 그렇게 훌륭한 그림이라니!

고래 종류만 11종에 67점이나 된다던걸? 이건 세계의 어느 바위에도 없는 그림이라 가치를 따질 수도 없다고 들었어.

아, 우리 형제들이 돌로 쪼개고 파서 그린 그림이 이제야 가치를 인정받는구나, 얼쑤!

선사인들이 반구대를 선택해서 그림을 그린 것도 안목이 대단하다던데요?

오호, 그렇지! 우리는 그림이 오래 보존될 장소를 골랐거든. 바위가 얼었다 녹았다 하는 걸 막으려고 햇볕이 잘 들지 않는 북쪽에 눈비도 막아 줄 지붕 모양이 있는 암벽을 찾았단다. 그게 바로 반구대였지. 거북이가 엎드린 모양의 이 암벽은 넓고 평평한 데다 위쪽은 튀어나와 눈비를 막는 덴 아주 그만이었어. 그래서 우리는 7000년이 넘도록 무사하고 편안하게 지냈는데, 1965년부터는 아주 불안해졌단다. 주변에 울산 시민에게 공급할 물이 필요하다며 사연 댐을 만들었는데 그것 때문에 반구대가 8개월이나 물에 잠기게 됐거든. 물속에서의 8개월은 우리에겐 고문이나 마찬가지였지. 물이 스며들어 암벽이 약해지는 데다 물 속 벌레들의 공격으로 우리 살점이 떨어져 나가기 시작했으니까.

물이 빠져나가는 겨울에 암벽이 마르면 해결되는 거 아니었어?

이런, 이런! 젖었던 바위에 햇볕이 들면 부서지고 쪼개지는 걸 모른단 말이냐? 우린 그걸 막기 위해 일부러 해가 잘 들지 않는 북쪽 암벽을 찾은 거라 하지 않았어?

아~ 네에, 그러셨죠……. 긁적긁적.

아무리 단단한 바위도 **풍화 작용**을 견딜 순 없는 건데, 물속에 8개월이나 잠기게 했다가 햇볕에 마를 즈음 또다시 물속에 잠기게 했다고? 이건 보존은커녕 문화재를 파괴하겠다는 거 아니니?

아, 그러니 50년도 못 되어 그림을 알아보기 힘들게 된 거 아닌가? 1995년 국보 285호가 되었다기에 뭐 좀 나아지려나 했는데 20여 년이 넘도

풍화 작용
돌이나 바위는 물이나 햇빛 때문에 부서지고 쪼개진단다.

록 울산 시민의 식수가 더 중요하네, 뭐네 하면서 달라진 건 아무것도 없으니 이거야, 원!

제사장 아재! 그림이 자꾸 사라져 가는 건 울산 시민도 안타깝게 생각하고 있습니더. 하지만 사람들이 먹고 살 물도 중요한 기라예. 뭐 대책도 없이 사연 댐을 없애면 우리 울산 시민은 우찌 살란 말인교?

그렇다고 7000년 된 세계유산을 이리 박대해도 된단 말이냐?

아이라예. 우리 울산 시민도 노력은 마이 했다 아잉교? 다른 곳의 물을 빌어다 먹을까, 반구대 멀리 작은 댐을 만들까 아님, 물을 막는 커다란 장치를 세울까 고민 많았습니더.

고민만 하면 뭐해? 빨리 해결을 해 줘야지. 그 사이에 표범의 무늬는 흐려지고 사슴의 뿔은 떨어져 나갔는걸? 이러다 우리가 다 사라지는 게 아닐까 무서워 죽겠다고!

저기, 태화야! 다른 댐을 만들거나 물을 다른 지역에서 빌어다 먹는 게 힘들면 물을 아끼는 방법은 어떠니?

그래, 설거지통에 물을 받아서 설거지를 하고 변기에 벽돌 하나만 넣어도 사연 댐의 수위를 낮출 수 있어서 반구대가 물에 잠기지 않는다던데?

니들은 그런 거 해 봤나?

아니, 뭐 우린 그럴 일이 없지.

그라믄서 말은 참~ 쉽게 한데이. 라울이 하는 소리를 니들은 뭐로 들은 기고? 반구대 암각화가 우리 울산만의 문화재가 아이

109

라 세계문화유산이라 안 하드나?

그랬지! 그러니까 우선 물을 아끼는 노력이라도 해야 하는 거 아냐?

와, 우리 울산 시민만 그런 불편을 겪어야 하는데? 니들은 한국사람 아이가?

사연 댐은 울산 시민 때문에 만든 거고 그것 때문에 문제가 되니까 당연히 울산 시민이 노력해서 문제를 없애야 하는 거 아니니?

얘들아, 여태 이렇게 서로 떠넘기고 말다툼만 하다가 우리가 희생된 거라고. 우린 포르투갈의 암각화가 너~무 부러워. 포즈코아 암각화 지역은 국립공원이 되어 세계인의 관심과 사랑을 받고 있다잖아? 그런데 우린 이게 뭐야?

우리도 사실 처음부터 국립공원이 만들어진 건 아냐. 진통을 좀 겪었지.

너희도 식수 때문에 싸웠나?

포즈코아 지역은 덥고 건조한 곳이라 물이 많이 필요해. 그리고 포도와 올리브 농사를 하기 때문에 댐이 만들어지면 물을 안정적으로 댈 수 있어서 다들 좋아했지. 그런데 공사를 하다가 암각화를 발견하게 되었어.

공사 도중에 알게 된 거라꼬? 그라믄 이미 돈이 마이 들어갔을 낀데…….

그랬지. 댐을 포기하면 손해가 이만저만이 아니어서 정부는 댐 공사를 멈추려고 하지 않았어. 그러자 지역 주민들이 나서서 반대하기 시작했지.

지역 주민이 반대했다꼬? 물 문제를 해결할 수 있는데도? 먹고 사는 문제가 먼저 아이가?

우리도 문화재를 보존하고 댐도 만드는 방법이 없을까 많이 고민하고 여러 가지 의견을 내놓았지만 암각화를 안전하게 보존하는 길은 댐을 포기하는 것밖에 없다는 결론을 내렸거든. 문화재를 보존하려는 주민들의 뜻은 다른 지역 사람들의 마음까지 움직여 결국 정부가 공사를 중단하게 만들었어.

주민들이 정부가 하는 일을 막았다 이 말이가? 큰 싸움이 났겠네.

큰 싸움? 뭐, 갈등은 있었지만 댐 공사를 포기한다는 공약을 한 정당이 이기게 만들어 큰일은 벌어지지 않았어. 많은 사람들이 마음을 모아 "암각화는 수영을 할 수 없습니다"라는 구호를 외치자 세계인들도 지지를 보내 주었거든.

암각화는 수영을 할 수 없습니다? 와아~ 감동이다, 얘!

그래, 나도 이 구호가 참 마음에 들어. 이 글 하나가 많은 사람들의 마음을 움직였다고 생각해.

댐 공사를 했다면 나라가 발전하고 지역 주민들은 더 잘 살게 됐을 낀데…….

그럴지도 모르지. 하지만 수천수만 년을 견딘 암각화는 그만한 대접을 받을 만하지 않니? 다시는 만들 수 없는 위대한 인류의 문화유산을 물속에 가라앉히는 것은 있을 수 없는 일이야. 경제적인 희생을 치르고 좀 불편을 겪더라도 문화재를 지킨 건 정말 자랑스러운 결정이었어.

포르투갈은 그리 부유하지 않다던데 그런 결정을 하다니! 문화와 예술을 진정으로 사랑하는 나라라는 생각이 드는걸?

맞아, 이 사건은 포르투갈의 이미지를 업그레이드시켰어! 그리고 암각화가 1998년 유네스코 세계유산이 되면서 포즈코아는 세계적인 명소가 되어 관광객도 아주 많아졌어. 어쩌면 댐 때문에 얻을 이익보다 더 많은 걸 얻게 될지도 몰라.

와아~ 댐보다 문화재를 선택한 문화 국민이라는 칭찬에, 어마어마한 문화재를 보존하는 국립공원에 관광 수입까지! 이게 바로 꿩 먹고 알 먹고 아니니?

딴지양, 너는 문화재 보존 이야기에 꿩 먹고 알 먹고가 뭐니?

나는 그 표현이 딱이란 생각이 든다. 반구대 암각화가 발견되자마자 잘 보존되었다면 너희들도 꿩 먹고 알 먹고가 됐을걸?

어떻게?

반구대 암각화는 고래 그림이 그려진 최고의 문화유산 아니니? 게다가 태화강변은 그림처럼 아름다워서 우리만 보기는 너무 아까워.

아하, 관광지로 만들면 문화재 보존도 할 수 있고 관광 수입으로 울산 시민의 식수 문제도 해결할 수 있다는 거구나?

그렇지!

하지만 너무 훼손되어 그림이 잘 보이지도 않고 포즈코아처럼 크지도 않은데?

지금이라도 서두르면 돼. 반구대 암각화는 규모는 작지만 그림이 빼곡하게 그려져 있어서 선사 시대의 생활상이 한눈에 쏘옥 들어오더라. 그리고 60점이 넘는 고래는 같은 그림이 하나도 없었지. 마치 고래를 기념하는 사진 같아서 신기했어. 이것 하나만으로도 학술적, 예술적 가치는 아주 커 보이던걸?

니는 말하는 게 꼭 고고학자 같데이. 포르투갈 아이들은 다 그렇게 똑똑하나?

내 고향이 바로 포즈코아야. 그래서 어릴 때부터 암각화를 보고 자랐지. 자주 보다 보니 관심이 가고 애정도 생기더라고. 나는 세계에 널린 7만 곳의 바위그림을 다 돌아보며 연구하는 학자가 되고 싶어.

내는 한 번도 바위그림을 눈으로 본 적이 없데이. 그래서 너 같은 애정이 안 생겼는갑다.

그래, 바위에 그려진 그림을 직접 볼 수 없으면 관심을 갖기 힘들 거야.

알면 사랑하게 된다더니 그 말이 맞나 보네.

그거 좋은 말인데! 내가 보기엔 반구대 암각화에 대한 홍보가 덜 된 거 같아. 아는 사람보다 모르는 사람이 더 많은 거 같던데? 너희들도 이번에 알게 됐다고 했잖아. 그 지역에서 태어난 태화도 반구대 암각화가 그렇게 유명한지 몰랐다는 말에 내가

113

더 놀랐거든. 문화재를 대하는 수준을 보면 그 나라를 알 수 있다고 하던데…….

실~망했구나?

으응. 나는 대한민국의 역사가 오래되고 잘 사는 나라라고 해서 기대를 하고 왔는데 발견한 지 40년이 넘도록 보존을 안 해서 거의 훼손된 걸 보고 깜짝 놀랐지. 귀중한 그림이 희미해진 게 너무 마음 아프더라.

에구~ 부끄러워라. 더 훼손되기 전에 빨리 보존해야지 안 되겠다.

내도 그렇게는 생각하는데 울산 시민이 물 부족으로 고생하는 건 싫다 아이가!

그래, 태화야, 울산 시민에게만 불편을 참으라고 해서 미안! 그런데 식수도 해결하고 문화재도 보존하는 방법을 찾은 거 같은데! 이제 온 국민이 마음을 모아서 보존을 서둘러야 할 거 같아.

맞아! 정부가 좀 더 적극적으로 반구대 암각화의 상황을 알리고 국민들이 보존하는 데 힘을 보탠다면 문제는 쉽게 해결될 수 있을 거야.

너희들 말대로만 된다면 우리 그림은 선사 시대의 귀중한 기록으로 남아 태화강변을 더 빛나게 할 거다. 그러면 세계인들은 한반도의 역사에 관심을 가질 테고 귀한 장소로 여겨 보러들 오겠지. 우리 때문에 대한민국은 문화와 예술을 사랑하는 나라로 다시 한 번 주목받지 않겠니?

엡! 7000년의 시간을 견딘, 다시는 만들 수 없는 전 세계 단 하나의 바위그림은 우리가 지킵니다!

그럼, 우린 안심하고 반구대로 돌아가도 되는 거지? 뜻을 모아 줘서 고마워.

태화는 울산으로, 라울은 포르투갈로 돌아가겠네?

아니, 나는 고래 박물관에 한 번 더 가야겠어. 고래 그림을 전부 스케치하고 싶거든.

라울, 우리도 같이 가. 우리도 스케치해 볼래. 아는 만큼 보이고 보이면 사랑하게 된다잖아?

내도 함 따라가 볼까? 그러나 암각화를 들여다봐도 사랑하게 될랑가 우짤랑가는 모르겠데이.

푸하하하.

울산 반구대 암각화 박물관 전경(울산암각화박물관 제공)

물 때문에 너무나 슬픈 문화재

반구대 암각화 훼손 이야기는 진짜 화가 난다. 우리나라는 어디 가나 문화재가 있고 박물관도 많아서 문화재를 잘 보존하는 줄 알았다. 그런데 한번 사라지면 다시는 볼 수 없는 문화재를 식수 때문에 물속에 잠기게 하다니 정말 어처구니가 없다.

내가 보기엔 반구대의 그림을 너무 무시해서 그런 일이 벌어진 거 같다. 나도 처음엔 '에~ 별것도 아니네' 그랬다. 어떻게 보면 유치하고 못 그린 거 같았기 때문이다. 그런데 단단한 바위를 파내고 쪼아서 만드느라 힘들었을 텐데도 동물들의 특징을 정확하게 그렸다. 수많은 그림이 막 그려진 줄 알았는데 하나하나 들여다보면 어떤 일이 벌어지고 있는 건지 알 수 있어 반구대 그림만으로도 선사 시대 공부가 되었다. 그래서 세계의 고고학자들이 인류 최고의 문화유산이라고 칭찬했나 보다.

이런 반구대 암각화의 가치를 우리만 몰라봐서 물속에 잠기게 하는 실수를 한 거다. 이제라도 반구대 암각화를 잘 보존해서 물 때문에 너무나 슬픈 문화재가 되지 않았으면 좋겠다.

반구대 암각화가 물에 잠긴 모습

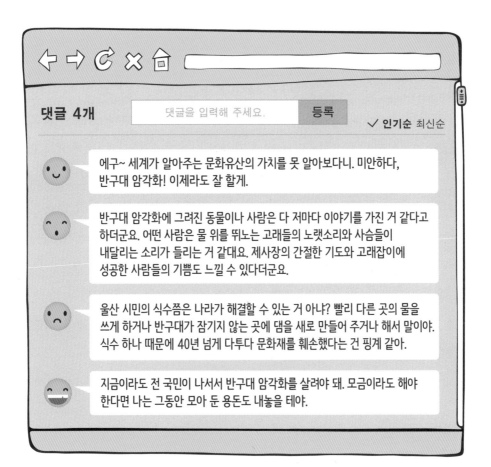

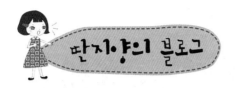

단지양의 블로그

문화재도 지키고 식수도 해결하고

　나는 우리나라에 반구대 암각화 같은 바위그림이 있는 줄도 몰랐다. 그리고 울산 시민의 식수 때문에 7000년 된 그림이 훼손된 줄도 처음 알았다. 최고의 문화유산을 함부로 한 것에 화가 나서 식수가 문제냐고 소리를 지르고 싶었다. 그러나 물이 몇 시간만 안 나와도 짜증이 나던 걸 생각하니 식수도 중요하다는 생각이 들긴 했다.

　그런데 포즈코아 암각화 이야기를 듣고 희망이 생겼다. 포르투갈의 포즈코아 시민들은 댐을 만들어 물을 얻는 대신 문화재를 보존했다고 한다. "암각화는 수영을 할 수 없습니다"는 구호를 외치며 댐 건설을 막았다는 거다. 손해를 보면서도 문화재를 지켰는데 그게 오히려 행운이 되었단다. 국립공원이 되자 관광객들이 몰려들어 이익이 커졌기 때문이다.

　우리도 포즈코아처럼 반구대 암각화를 잘 보존하면 관광객이 늘 거고 그러면 그 돈으로 울산 시민의 식수 문제를 해결할 수 있을 거라고 생각한다.

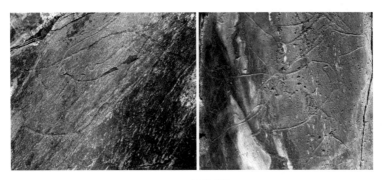

포즈코아 암각화

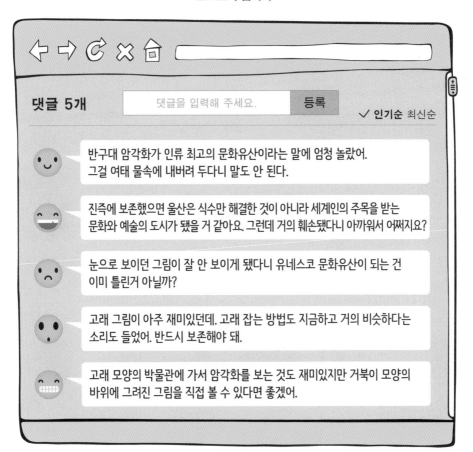

댓글 5개

댓글을 입력해 주세요.   등록

✓ 인기순 최신순

반구대 암각화가 인류 최고의 문화유산이라는 말에 엄청 놀랐어.
그걸 여태 물속에 내버려 두다니 말도 안 된다.

진즉에 보존했으면 울산은 식수만 해결한 것이 아니라 세계인의 주목을 받는
문화와 예술의 도시가 됐을 거 같아요. 그런데 거의 훼손됐다니 아까워서 어쩌지요?

눈으로 보이던 그림이 잘 안 보이게 됐다니 유네스코 문화유산이 되는 건
이미 틀린거 아닐까?

고래 그림이 아주 재미있던데. 고래 잡는 방법도 지금하고 거의 비슷하다는
소리도 들었어. 반드시 보존해야 돼.

고래 모양의 박물관에 가서 암각화를 보는 것도 재미있지만 거북이 모양의
바위에 그려진 그림을 직접 볼 수 있다면 좋겠어.

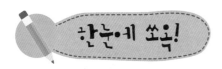

신석기인은 사는 모습도 달라졌지

신석기인은 기후가 따뜻해지면서 먹거리가 많은 강가나 해안가로 내려와 살게 되었어. 물고기를 잡고 농사를 지으며 움집을 지어 한 곳에 모여 살았지. 간석기를 쓰고 가축도 기르며, 토기를 만들어 썼어. 실을 짜서 옷을 만들어 입고, 장신구로 한껏 멋을 내기도 했어.

시대	도구 형태	먹거리	집	옷	대표 유물
구석기	뗀석기	사냥, 채집	동굴, 막집	풀잎이나 가죽옷	주먹도끼
신석기	간석기	물고기 잡이 목축 농사	움집	실로 짠 옷 가락바퀴 베틀 뼈바늘	빗살무늬 토기

신석기 아이 신돌이와 그럼군의 하루

신돌이의 하루

0시

별 헤다 잠들기

해 뜨면 일어나기
가축 밥 주기

도구 정리하기

가족과 저녁 먹고
가축 단속하기

밭일 하기
사냥법·약초 구하는 법
배우기

간석기 배우기
뗄감 주워 오기
가락바퀴로 실 잣기

물고기, 조개 잡아 구워 먹기
헤엄치고 놀기

12시

그럼군의 하루

0시

숙제하다 잠들기

논술학원

잠자기

저녁 식사

검도, 수영가기

간식 먹기

영어학원(월, 수, 금)
수학학원(화, 목)

일어나기

학교가기

학교생활

12시

그때 세계는?

옛사람들은 바위에 흔적을 남겼어

세계 곳곳에 살고 있는 사람들도 자신들의 사는 모습을 바위에 새겼어. 사냥하는 동물이나 사냥 모습을 새겨 놓아 우리들이 옛사람들의 생활을 짐작할 수 있게 해 주었지. 바위에 새긴 그림은 생생한 역사서나 마찬가지야.

노르웨이 알타 암각화
피오르 지역의 암각화야. 순록, 엘코 같은 북극 동물과 앞뒤가 높이 솟은 바이킹 배가 보이지?

아프리카 알제리의 암각화
야생의 소를 기르는 모습과 절구로 곡식을 찧는 치마 입은 여인들의 모습이 보이는구나.

아제르바이잔의 고부스탄 암각화
사람들이 줄지어 춤을 추고 있는데 사냥이 잘 되기를 바라는 춤이 아니었을까?

몽골의 알타이 암각화
염소, 양, 사슴 등을 사냥하는 사람들이 초원의 바위에 새겨져 있어. 이 지역 사람들이 어떤 동물을 사냥하며 살았는지 그대로 보여 주고 있지.

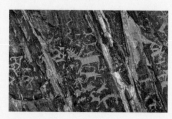

호주 카카두 국립공원 안의 암각화
4만 년 동안 인류가 살아온 모습을 새기고 색을 칠했는데 다들 신비하고 아름답다고들 한다. 신화나 홍수에 대한 이야기도 담겨 있어서 아주 재미있어.

150억 년 전
빅뱅

46억 년 전
지구 탄생

350만 년 전
인간 탄생

70만 년 전
구석기 시작!

BC 8000년경
신석기 시작!

BC 1500~2000년경
청동기 시대의 시작!

4장

청동기인은
고조선을
세웠지

나는 청동기 시대 이야기를 들려줄 청동검이야.
사람들은 구리와 주석을 섞어 청동기를 만들어
또 한 번 세상을 확 바꾸어 버렸지.
그 이야기가 궁금해? 궁금하면 나를 따르라!

청동검이 들려주는 청동기 이야기

휘리릭~

으샤, 『호락호락 한국사』를 읽는 친구들 안녕? 내가 휘리릭 날아와서 놀랐니? 난 보다시피 칼이야. **청동**으로 만든 청동검이지. 청동기 시대의 대표 유물인 고인돌이 이야기꾼으로 나와야 하는데 내가 더 인기가 있다고 해서 나오긴 했어. 그런데 청동기 시대에 어울리는 이야기꾼인지는 모르겠어. 돌로 만든 칼과 내가 있는 곳에선 전쟁이 일어나고 사람이 죽었거든. 왜 그런 일이 일어났는지 그 이야기를 들려줄게.

금속이 또 한 번 바꾼 세상

청동
구리와 주석을 녹여 만든 금속이야.

먹거리를 마련하기 위해 물고기 잡고, 사냥하고, 농사까지 시작했던 부지런한 신석기인은 곡식을 주식으로 하는 데 성공했어! 먹거리가 풍성해지니까 인구도 많이 늘고 농사짓는 방법은 더 발전했지.

그래서 생산하기 까다로운 벼농사도 짓기 시작했

어. 생산물은 더 많아져 함께 나누고도 남는 것이 생겼는데 이것을 어려운 말로 잉여 생산물이라 하지. 그래서 이제 드디어 사람들이 행복해지려나 했거든? 그런데 그게 아니더라고.

한곳에 정착해 땅에 너무 의지하게 되니까 싸움이 일어나던걸? 기름진 땅을 놓고 싸우기도 하고 한 해 농사를 망치게 되면 죽기 살기로 싸웠지. 전쟁이 시작된 거야. 구석기 때는 사냥감이 없으면 훌훌 털고 다른 곳으로 옮겨 가면 되었는데 농경 시대가 되니까 그럴 수가 없게 된 거지.

예전엔 세상살이 경험이 풍부하고 나이 많은 씨족장이 사람들과 함께 마을을 이끌었다면 이젠 힘으로 사람들을 이끌고 전쟁을 아주 잘하는 강력한 우두머리가 최고였어. 먹거리를 구하기 위해 도구를 만들던 돌을 갈아 칼을 만들고 얼마 지나지 않아서는 금속으로 무기를 만들게 됐지. 바로, 나 청동검이 등장하게 된 거야. 그러면서 전쟁은 점점 더 치열해졌어.

그런데 어떻게 갑자기 금속 도구가 나온 건지 궁금하지? 그건 불을 다루는 기술이 늘었기 때문이야. 토기를 굽기 위해 600도 이상의 불을 피우다 1000도까지 불의 온도를 올릴 수 있게 됐거든. 그 온도에서 돌에 있던 구리와 주석이 녹아서 흘러내렸고, 식으면 단단해진다는 것도 알게 된 사람들은 청동기를 만들게 됐지.

청동 기술을 먼저 갖게 된 사람들은 전쟁에서 승리했고 그 대가는 엄청났어. 패배한 곳의 생산물과 땅 그리고 사람들까지 차지해서 노예로 부릴 수가 있었거든. 힘들고 고된 일은 포로로 잡혀 온 노예를 시키면 그만이었으니 땅이 늘어날수록 전쟁은 더욱 자주 일어났지. 마을과 마을은 합쳐져 더 큰 마을인 고을이 되었어. 고을과 고을은 합쳐져 부족이 되었고 부족은 다시 합쳐져 나라가 되었지. 이렇게 해서 큰 나라들이 세워지며 그야말로 전쟁의 시대가 된 거야.

전쟁을 승리로 이끈 사람들은 더 많은 힘과 재산을 갖게 됐어. 힘이 세상을 지배하게 되자 사람들의 관계도 복잡하게 변해 갔지. 사람들 사이에 높고 낮은 계급이 생긴 거야. 그 계급은 쉽게 바뀌지 않았어. 힘을 쥔 자들은 계급이 하늘이 정한 것이라 했고 차별은 더 심해졌지. 그렇게 세상이 바뀌어 가는 데 힘을 보탠 것이 나, 청동검이라 그다지 자랑스럽지 않아. 내가 가는 곳엔 사람들이 처절하게 울부짖었거든.

청동기 시대에는 계급에 따라 사는 곳, 먹는 것, 입는 것이 달랐어. 심지어 장신구도 달랐지. 지배 계급은 크고 넓은 집, 비단옷에 가죽신과 청동 장신구를 달았어. 그리고 푸짐하고 다양한 음식을 먹었지. 하지만 지배당하는 사람들은 허름한 집에 거친 삼베옷을 입고 보잘 것없는 음식을 먹을 때가 많았어.

이 시대의 대표적인 지배 계급인 부족장은 부족 사람들을 이끌고 하늘에 제사를 올렸어. 농사는 하늘에서 비가 알맞게 내려 주고 날씨도 좋아야 하기 때문에 어느 때보다 하늘을 중요하게 생각했지. 사람들은 부족장이 하늘의 뜻으로 선출된 사람이고 그 뜻을 전하는 사람이라고 믿었어. 부족장은 귀한 금속인 청동거울, 청동방울, 청동검을 달고 하늘에 제사를 지냈어. 부족장이 청동거울을 움직이면 햇빛

에 번쩍거려서 마치 빛을 움직이는 위대한 사람처럼 보였지. 청동방울은 움직일 때마다 신비한 소리를 내고 청동검은 위엄을 보여 줬어. 그러니 사람들은 저절로 고개가 숙여졌겠지?

부족장은 살아 있을 때만 힘을 누린 게 아니야. 죽어서도 그 힘을 보여 줬어. 그것을 이미 본 친구들도 꽤 있을걸? 돌을 괴어 뚜껑돌을 올렸기 때문에 고인돌이라 하는 부족장의 무덤 말이야. 그런데 전 세계 고인돌의 40%가 한반도에 있다는 거 아니? 청동기 시대 때 한반도는 고인돌 왕국이었던 거야.

너희들도 아는 것처럼 고인돌은 굉장히 커서 많은 사람들이 있어야 만들 수 있었어. 수십 톤 이상 되는 거대한 돌이 쓰였기 때문에 힘이 센 남자들이 500여 명은 있어야 했지. 강화도에 있는 고인돌의 뚜껑돌은 무게가 50톤이래. 50톤이면 1톤 트럭 50대가 날라야 하는 무게니까 커다란 바위를 쓰임에 맞게 깨어 내 큰 통나무로 굴려서 가져오려면 그 정도의 힘은 들여야 했어.

그런데 커다란 바위는 무엇으로 깨뜨렸냐고? 청동기? 에이, 어림도 없어! 청동은 그렇게 단단한 금속이 아니거든. 놀라지 마, 그건 바로 나무로 만든 쐐기였어. 돌을 나무로 깨다니 도저히 믿을 수 없다고? 그럴 거야. 그런데 쓸 만한 바위에 틈새가 있으면 문제는 달라지지. 틈새 곳곳에 나무쐐기를 박아 더운 물을 붓는 거야. 그럼 어찌 될까? 나무쐐기는 점점 불어서 마침내 쩌억! 크고 단단한 바위는 이렇게 쪼개지는 거야. 정말 놀랍지?

청동기 시대 사람들은 힘을 모으고 모아 가져온 돌로 고인돌을 만

들었어. 먼저 양쪽에 놓일 고인돌 꼭대기까지 흙을 쌓아 올려 작은 언덕처럼 만들었지. 그런 다음 뚜껑돌을 끌어올려서 얹고 언덕을 만들었던 흙은 거둬 내는 거야. 거대한 탁자처럼 생긴 고인돌은 이렇게 만들어졌지. 이 일은 부족 사람들 전체가 움직여야 할 수 있는 대단한 일이었어. 부족장의 힘은 그만큼 셌다는 거지.

강화 부근리 고인돌(탁자처럼 생긴 고인돌)

청동기 마을

이제 청동기 마을로 가서 얼마나 달라진 세상에 살고 있는지 살펴볼까?

신석기 시대보다 높은 곳에 마을이 있는 것 같다고? 오, 예리한데? 맞아. 신석기인처럼 강가나 해안가 또는 낮은 언덕에 마을을 만들진 않았어. 정착과 잉여 생산물이 전쟁을 불러일으켰다고 했던 거 기억하지? 지킬 게 많아진 청동기인은 적들의 움직임을 살필 수 있는 **구릉지대**에 살았어. 그리고 농사에 많이 의존했기 때문에 논이나 밭의 규모가 훨씬 커졌지. 물가도 보이는데 무슨 소리냐고? 아, 저건 사

구릉지대
평지보다 약간 높지만 평평하고 넓은 곳이야.

구릉지대

망루

군사훈련

제단

망루

기둥

다락

부족장 집

목축

청동기 제작소

나무다리

울타리

도랑

농사

람들이 일부러 깊게 판 도랑이야. 적들의 침입을 막기 위한 방어 시설이지. 낮에는 나무다리가 놓이지만 밤에는 거둬들이는 거야. 그러니 적들이 밤에 몰래 침입이라도 할라치면 첨벙첨벙 물소리가 나서 금방 들켰겠지?

망루
적의 움직임을 살피는 높은 다락집이야.

방어 시설은 이게 끝이 아니야. 끝이 뾰족뾰족한 나무로 높은 울타리를 쌓았고 동서남북 사방에 **망루**를 세워 마을을 지켰어. 마을의 남자들은 모여서 나무칼로 전쟁에 대비한 훈련을 하고 있구나. 지글지글 불꽃이 타오르는 곳 보이지? 저곳에선 한창 청동기를 만드느라 바쁜 모양이야. 왼쪽엔 하늘에 제사를 지내는 돌로 만든 제단이 있어. 이곳에선 제사장 역할도 했던 부족장이 마을 사람들과 함께 제사를 지내고 축제를 벌이기도 했지.

최고 지배자가 사는 집은 어딘지 찾아볼래? 그래, 한가운데 가장 큰 집이 바로 부족장의 집이야. 계급에 따라 집의 크기도 달라졌지. 어, 그런데 집의 모양이 신석기 시대의 움집이 아니지? 기술이 늘어서 움집보다 땅 위로 올려 집을 짓고 기둥과 서까래도 높게 올렸어. 곡식을 저장하는 다락창고는 2층으로 만들었잖니? 그래야 바람이 잘 통해서 곡식이 썩지 않으니까.

신석기 시대보다 발전한 모습이 많이 보이기도 하지만 긴장감이 감돌기도 해. 도랑, 뾰족한 울타리, 망루, 군사훈련 그리고 청동무기 때문인가 봐. 지킬 게 많아진 청동기 시대는 늘 마을을 철통같이 지키고 전쟁에도 대비해야 했거든.

따비

이랑

청동기 시대는 신분에 따라 하는 일도 달랐어. 부족장이나 높은 관리가 부족의 안전을 책임지며 전쟁을 지휘했고 마을 사람들은 농사를 지어 먹거리를 책임졌어. 청동기 시대였지만 농기구는 여전히 돌과 나무를 연결해서 만든 도구를 썼지. 청동기는 귀해서 지배 계급의 무기나 장신구로 쓰였고 단단하지 않아서 땅을 일구는 도구로는 적당하지 않았거든.

남자들이 돌괭이로 나무뿌리와 돌멩이를 골라내고 따비로 땅을 갈아 고랑을 만들면 땅이 부드러워졌어. 그러면 여자들이 이랑에 씨앗을 뿌렸지.

마을 사람들은 힘을 합쳐 부지런히 잡초를 뽑고 물을 대느라 하루해가 짧게 느껴졌을 거야. 그 정성에 하늘이 감동해서 날씨마저 좋으면 그 해는 풍년이었어. 그러면 마을 사람들은 **반달**처럼 생긴 **돌칼**이나 돌낫을 들고 곡식을 거둬들이기에 바빴지. 그렇게 거둬들인 곡식은

반달 돌칼
두 구멍에 끈을 묶어 손에 딱 쥐고서 이삭을 베어 내는 도구야.

돌절구에 찧어 껍질을 벗기고 키질을 해서 알곡을 골라냈어. 이렇게 또 바쁘게 추수가 끝나면 마을을 위해 쓰일 곡식은 서늘한 다락창고에 보관하고, 식구들이 먹을 곡식은 바닥이 넓적하고 배가 불룩한 무늬 없는 토기에 넣어 보관했지.

큰 전쟁도 없이 풍년을 맞은 해에는 마을 사람들이 더욱 정성스런 마음으로 하늘에 제사를 올렸어. 가축을 잡고 시루에 떡을 찌고 국자로 술을 퍼 올리고……. 모두들 경건한 마음으로 하늘에 감사를 드렸지. 제사가 끝난 다음 마을 사람들이 모두 모인 축제는 아주 즐거웠어. 춤추고, 노래하고, 먹고 마시며 농사일의 고단함과 전쟁에 대한 걱정을 잠시 내려놓았으니까. 그리고 늘 올해만 같기를 바라는 마음이었을 거야. 하늘과 사람이 하나가 되는 제천행사였던 거지.

시루

갈돌, 갈판   민무늬 토기   돌절구

우리 땅에 세워진 첫 나라 고조선

신화
예로부터 전해져 내려오는 신성한 이야기야. 단군신화가 대표적이지.

천부인
하늘의 신 환인이 환웅에게 내린 신령스런 물건 세 가지를 말하는데 청동검, 청동방울, 청동거울이었대.

그런데 풍성한 계절이면 전쟁은 시작됐어. 전리품이 쏠쏠했으니까. 전쟁은 마을을 고을로, 고을을 부족으로 만들었다고 했지? 부족은 더 큰 부족과 힘을 합쳐 나라를 세웠고. 그렇게 반복된 정복 전쟁으로 우리 땅에 첫 나라가 세워졌어. 그 나라의 이름은 고조선! 부족과 부족이 힘을 합친 거대한 연맹체였지.

사람들은 고조선이 세워지기까지의 길고 긴 역사를 이야기로 만들어 입에서 입으로 전했어. 이것을 신화라고 하는데, 수만 년에 걸쳐 벌어진 이야기를 짧게 줄여서 여러 사람이 전한 이야기라 믿기 어려운 부분이 있다고 할지 모르지만 일단 한 번 들어 봐.

하늘을 다스리는 환인이 있었어. 환인에게는 여러 아들이 있었는데 그중에서 환웅은 인간 세상을 다스리길 원했지. 그래서 환인은 널리 인간을 이롭게 할 만한 땅을 찾아주었고, 환웅에게 **천부인** 세 개를 주면서 세상 사람을 다스리도록 했어. 환웅은 3000명의 무리를 이끌고 태백산 꼭대기 신단수 아래에 내려와 그곳을 신시라 불렀어. 그러고는 바람신, 비신, 구름신을 거느리고 곡식, 수명, 질병, 형벌, 선악 등 360여 가지의 일을 인간에게 가르쳐 주었지.

그러던 어느 날 곰과 호랑이가 찾아와서 사람이 되게 해 달라고 빌었어. 환웅은 쑥 한 다발과 마늘 스무 개를 주면서 이렇게 말했지.

"너희들이 이것을 먹고 햇빛을 보지 않는다면 곧 사람이 될 것이다."

곰과 호랑이는 함께 동굴에 들어갔어. 환웅과의 약속을 잘 지킨 곰은 21일 만에 여자로 변해 웅녀가 됐지만 그러지 못한 호랑이는 사람이 되지 못했어.

웅녀는 환웅과 혼인하여 아들을 낳았는데 이 사람이 단군왕검이야.

단군왕검은 아사달에 나라를 세워 조선이라고 했어.

- 『삼국유사』의 고조선 신화 내용 정리

이 이야기가 고조선의 건국신화야. 그런데 이야기의 여러 부분이 이해하기도 어렵고 이상하다고 생각할지도 모르겠다. 그러나 세상의 모든 신화는 이렇게 믿을 수 없는 내용이 많아. 그리스 로마 신화만 봐도 황당하고 기이한 이야기가 많잖아? 이 수수께끼 같은 고조선 신화를 하나하나 풀어서 무슨 이야기인지 알아볼까?

첫 번째, 하늘의 신인 환인 이야기부터 해 볼게. 옛날 사람들은 자연을 두려워하면서 숭배했어. 자연에 오랫동안 기대어 살아왔으니 천둥과 번개만 쳐도 하늘이 화가 난 것이라고 생각했고 그것 때문에 벌어질 자연재해에 두려워 떨었지. 그래서 인간세상에서 벌어지는 모든 일은 인간이 하는 것이 아니라 모두 하늘신의 뜻으로 그렇게 된 것이라 생각했어. 그러니 인간세상을 다스릴 땅을 찾는 것도, 환웅을 내려 보내는 것도 다 하늘신인 환인이 했다고 한 거지. 그리고 환웅에게 하늘의 자손임을 밝히는 천부인이라는 신령스런 물건까지 내어 주잖아? 천부인은 아마도 청동검, 청동방울, 청동거울이었을 거야. 그건 환웅이 사람을 다스릴 만한 특별한 존재라는 거지. 그 특별한 존재를 하늘신이 직접 내려 보냈다는 뜻이니 하늘의 자손인 걸 확실하게 밝혀 둔 거란다.

두 번째, 환웅이 3000명의 무리를 이끌고 신단수로 내려왔다고 하는데 신단수란 하늘과 땅을 이어주는 신령스런 나무를 말하는 거야. 옛사람들은 하늘과 땅을 이어주는 통로가 있다고 생각했지. 새로운 땅에 하늘 신을 섬기는 무리가 등장하는 모습을 이렇게 멋지게 표현한 거야.

세 번째, 환웅이 바람신, 구름신, 비신을 거느렸다고 하는데 이건 환웅이 하늘의 기운을 읽을 줄 아는 능력자라는 뜻이야. 그리고 바람과 구름과 비를 신이라고 하는 걸 보면 날씨가 농사에 얼마나 중요한지도 드러나고 있잖니? 새로운 농사 기술로 사람들을 배불리 먹일 수 있는 지도자가 나타났으니 사람들이 환호하면서 환웅을 맞았을 거야.

네 번째, 환웅은 새로 터를 잡은 곳을 '신시'라고 불렀어. 신시는 위대한 지도자가 다스리는 신성한 곳이라는 뜻이지. 그리고 그곳에서 인간을 널리 이롭게 할 360여 가지 일을 가르쳐 인간을 깨우쳤다고 했잖아? 이건 농사짓는 법, 질병을 치료하는 의술, 사람과 사람 사이에 지켜야 할 법과 인간의 도리를 가르쳤다는 뜻이지. 이전의 사회보다 복잡해진 세상의 질서를 바로잡아 갔다는 거야. 능력이 뛰어난 지도자가 덕을 널리 널리 베풀어서 사람들이 감동했다는 이야기를 이렇게 표현한 거라고 보면 돼.

다섯 번째, 곰과 호랑이가 찾아와서 사람이 되게 해 달라고 빌었다는 말을 곧이곧대로 믿는 친구는 아무도 없을걸? 곰과 호랑이를 수호 동물로 삼는 부족이 환웅 부족의 앞선 문명과 함께하고 싶어서 찾아왔다는 거지. 그들이 함께할 만한 부족인지 알아보기 위해 환웅은 어려운 과제를 내주었어. 마늘과 쑥만 먹고 빛이 없는 동굴에서 사는 것은 아주 어려운 과제라는 뜻이야. 성격이 급한 호랑이 부족은 그 과제를 성공하지 못했지만 지혜롭고 끈기 있는 곰 부족은 성공했지. 부족과 부족이 합칠 때는 전쟁도 있었지만 이렇게 평화적으로 힘을 합치는 때도 있었다는 걸 보여 주는 이야기 같지 않니?

여섯 번째, 이제 곰이 어떻게 사람이 되냐고 따지는 친구는 없겠지? 웅녀와 환웅이 혼인을 했다는 건 곰 부족과 환웅 부족이 힘을 합쳤다는 이야기니까. 두 부족 사이에서 새로운 지도자인 단군왕검이 태어나 우리 땅에 첫 나라를 세웠다고 전하는 이야기가 고조선 신화란다. 첫 나라가 세워진 곳은 해가 밝게 비치는 곳이었다니 정말 하늘의 자손답지 않아?

어때? 이제 신화가 이해하기 어려운 이상한 이야기가 아니란 걸 알겠지? 짧은 이야기 속에 몇 천 년에 걸친 역사적 사건이 숨어 있으니 단군신화는 이야기 타임캡슐이라고 해도 될 거야.

단군신화는 고려시대 일연이라는 스님이 『삼국유사』라는 책에 실었어. 『삼국유사』는 삼국의 역사를 기록한 책인데 단군에서 역사가 시작된다는 것을 분명히 밝혔지. 일연이 『삼국유사』를 쓰던 때는 몽골의 침략으로 백성들이 심한 고통을 받아 시름에 잠겨 있던 때였어. 일연은 실의에 빠진 가여운 고려 백성들을 다독이고 싶었대. 우리가

개천절
하늘이 처음 열렸다는 뜻으로 단군조선이 나라를 세운 것을 기념하는 날이야. 새로운 탄생을 축하하고 하늘에 감사하는 민족의 명절이라 할 수 있지. 우리는 하늘신의 자손이니까!

참성단
단군이 하늘에 제사지내던 제단인데 강화도의 마니산에 있어. 지금도 개천절이면 제사를 지내고 해마다 전국 체전 성화의 불을 붙이는 곳이야.

삼랑성
단군의 세 아들이 쌓은 성이래. 처음엔 흙으로 쌓은 성이었는데 여러 시대를 거치면서 튼튼한 돌로 지어졌지.

얼마나 오랜 역사를 가진 훌륭한 사람들인지 일깨워서 고통을 이겨 낼 힘을 주고 싶었던 거야.

고조선이 세워진 지 오랜 세월이 흘렀지만 단군의 흔적은 아직도 여기저기에 남아 있어. 10월 3일 개천절은 단군왕검을 기념하는 날이

일연의 『삼국유사』

고, 강화도 마니산의 참성단은 단군을 섬기는 사당이 세워진 곳이야. 강화도에는 단군의 세 아들이 쌓았다는 삼랑성도 남아 있어. 2008년엔 단군신화의 내용을 우표로 만들어 기념하기도 했지. 단군왕검은 우리의 시조이고 고조선은 우리 땅에 세워진 첫 나라여서 의미가 아주 크기 때문이야.

고조선 건국신화가 담긴 우표(우정사업본부 발행)

강화도 마니산의 참성단

단군의 세 아들이 쌓았다는 삼랑성

고조선의 범금 8조

하늘의 자손이 밝은 빛이 비치는 땅에 세운 고조
선은 아주 오래 이어졌어. 그 사이에 여러 일들이 있
었겠지만 자세히 알 수는 없어. 고조선의 역사 기록
이 남아 있지 않기 때문이야. 유물과 유적 그리고 중
국의 역사책에 드문드문 기록되어 전해질 뿐이지.
글자와 종이가 없어서 그랬느냐고? 그건 아닐 거야.
종이가 발명되기 전이라 대나무를 엮은 죽간을 썼겠
지만 한자로 기록은 했을 거야.

그러나 한나라와의 전쟁에서 지는 바람에 기록이
다 타 버리지 않았나 싶어. 왜 그런 생각이 드는가 하면 고조선에도

유물
조상이 남긴 물건. 도자기, 그림
등을 말하지.

유적
조상들이 살았던 흔적으로 집터,
궁궐, 절 등을 말하는 거야.

한나라
고조선 말에 중국 지역을 다스
리던 아주 큰 나라야. 한문, 한
족, 한문화란 말이 여기에서 시
작되었어.

141

질서를 잡는 법이 있었거든. 나라의 법은 말로 하는 것이 아니라 글로 남기는 거야. 법으로 다스리는 나라가 중요한 일을 기록한 역사서가 없다는 것이 오히려 더 이상하지 않니? 역사서가 남아 있지 않아 고조선에 대해 자세히 알 수 없는 것이 안타깝지만 중국의 자료에 고조선의 법이 몇 개 남아 있어. 그 고조선 법을 하나하나 살펴보면 고조선 사람들이 어떻게 살았는지 조금은 짐작할 수 있을 거야.

고조선의 범금 8조

❶ 사람을 죽인 사람은 즉시 사형시킨다.

❷ 남을 다치게 하면 곡물로 갚는다.

❸ 도둑질한 사람은 도둑맞은 집의 노비로 삼는다. 노비가 되지 않으려면 50만 전을 내야 한다.

8조라고 하더니 왜 달랑 세 개만 써놓았냐고 묻고 싶겠지? 내가 다 기억을 못 해서가 아니라 중국 역사책에 8개의 법 가운데 3개만 기록되어 있어서 그래. 기록하려면 다 할 것이지 아쉽게 세 개만 써놓을 건 뭐람? 제 나라의 역사가 아니니 그랬겠지. 그래도 이 기록만으로도 많은 걸 알 수 있으니 얼마나 다행이야?

1조에서 '사람을 죽인 사람은 즉시 사형시킨다'는 것은 재판도 없이 그 자리에서 바로 죽인다는 뜻이야.

"으악~ 너무하잖아."

이렇게 말하는 친구도 있을 거야. 물론 재판을 해서 죄를 묻고 벌을 주는 현대의 법으로 보면 참 이상하겠지만 그래도 사람의 생명을 소중하게 생각했기 때문에 첫 번째 법이 된 거 아닐까? 사람을 죽인 사람을 그 자리에서 죽이는 엄격한 법이 있어서 사람의 생명을 함부로 하지 않았던 거니까.

2조, '남을 다치게 한 사람은 곡물로 갚는다'는 법에선 무엇을 알 수 있을까? 사람을 소중하게 생각했다고? 그래, 맞아. 하나를 가르쳐 주니 둘을 아는데? 곡물로 갚는 걸 보니 농경 사회였다는 것도 알 수 있다고? 그렇지! 그런데 한 가지가 더 있어. 개인이 벌금으로 낼 수 있는 곡물이 있었다는 걸 보니 개인이 가진 재산이 있었다는 거잖아? 이걸 전문 용어로 사유 재산이 있었다고 하는 거야. 그럼, 다 함께 생산하고 다 함께 나누고도 남는 생산물은 전문 용어로 뭐라 했을까? 잉여 생산물? 오오~ 엄지 척! 정말 대단한걸!

이 잉여 생산물이 생기면서 사유 재산이 생기게 된 거지. 사유 재산의 매력은 아마 점점 더 커졌을걸? 너희들도 맘대로 쓸 수 있는 용돈이 생기면 좋아라 하잖니? 그런데 사유 재산의 매력이 너무 엄청나서 사람의 욕심이 갈수록 사나워졌다는 게 문제였어. 더 많이 갖기 위해서, 가진 것을 지키기 위해서 전쟁이 일어났거든. 땅이든, 작물이든, 노예든 많이 가진 사람과 적게 가진 사람이 생겼지. 많이 가진 사람은 힘도 세졌기 때문에 지배 계급이 되었고 변화된 질서를 단단히 유지하고 싶어서 법을 만들었어. 지배 계급은 그들에게 유리하게 법을 만들었기 때문에 다른 사람들에겐 불평등했어. 지배를 당하는 사람들은 억울했을 거야.

3조, '도둑질한 사람은 도둑맞은 집의 노비로 삼는다.' 이 법은 가난한 사람에겐 정말 혹독한 법이었겠지? 뭐, 그렇다고 도둑질을 두둔하는 건 아니야. 제 사정이 급하다고 남의 것을 훔치는 건 분명 나쁜 짓이지. 다만 배가 얼마나 고팠으면 남의 집 담을 넘었을까 싶은 생각도 든다는 거지. 그런데 죄를 용서받아 노비가 되지 않으려면 50만 전을 내야 한다고 했어. 이 법을 보면서 많은 친구들이 이렇게 말할지도 몰라.

"에이, 도둑질할 정도로 가난한 사람이 그렇게 큰돈이 어디 있어?"

그래, 모르긴 몰라도 50만 전은 꽤 큰돈이었을 거야. 그러니 남의 재산을 훔치다 들키면 노비가 되는 수밖에 없었겠지?

노비는 말하는 동물 취급을 당하고 소나 말처럼 사고파는 재산이었어. 배고픈 것도 서러운데 인정사정없이 노비가 되어야 했으니 어째 좀 딱해 보인다.

아, 그런데 가난한 사람한테는 아주 혹독한 법이었지만 도둑이 없어서 고조선에선 대문을 걸어 잠그지 않아도 되었대. 법이 엄격하게 적용되었기 때문에 사람들이 죄를 짓지 않았던 거지. 게다가 도둑질을 하거나 남을 속이는 행동을 수치스럽게 여겨 어찌어찌해서 50만 전을 내고 죄를 벗어도 사람들이 상대를 해 주지 않았다는구나?

고조선의 법은 엄격하고 불평등했지만 꽤 질서가 잡히고 살 만한 나라였나 봐. 중국의 역사책에도 이 부분이 부러운 듯 실려 있거든.

이때 중국은 여러 나라로 쪼개어져서 500년이 넘게 싸우느라 아주 혼란스러웠으니까 고조선이 부럽기도 했을 거야.

고조선 영역

고조선이 어디에서 얼마나 큰 자리를 차지하고 있었는지는 학자마다 다르고 정확하지도 않아. 기록이 없어서이기도 하지만 오랫동안 이어진 나라라 그 사이에 전쟁이 숱하게 일어나면서 땅을 넓히기도 하고 잃기도 했거든. 그런데 고조선은 우리에게 귀한 정보인 유물과 유적을 남겼어. 이 유물과 유적이 발견되는 곳이 고조선이 있던

청동기 유물

곳이니까 그 크기를 짐작해 볼 수 있지.

그 귀한 유물과 유적은 탁자처럼 생긴 고인돌, 비파형 청동검, 미송리식 토기야. 고인돌은 잘 알겠는데 비파형 청동검과 미송리식 토기는 낯설지? 하도 할 이야기가 많아서 깜빡했어. 미안!

비파형 청동검은 비파라는 악기처럼 생겨서 그렇게 부르는 거야. 악기처럼 생겼지만 아주 강력한 무기였어. 다른 나라 사람들과 전쟁이나 무역을 하면서 나중엔 좀 더 날카롭고 가는 형태의 세형동검을 만들었지. 이 청동검들은 몸통과 자루를 따로 만들어 끼우는 조립식이었단다.

비파형 청동검

그리고 청동검은 만드는 기술자들이 따로 있었어. 1000도 이상의 불을 만들어 금속을 녹이는 건 어려운 일이었거든. 청동은 돌에서 구리와 주석을 녹여내어 만드는데 고조선에선 특별히 하나를 더 넣었어. 바로 아연이라는 금속이었지. 왜냐하면 아연을 넣으면 더 단단하고 빛이 났거든. 구리와 주석은 1000도쯤에서 녹지만 아연은 그 이하의 온도에서도 날아가 버리는 성질을 가졌는데, 어떻게 세 가지 금속을 섞었는지는 특급 비밀이야. 아직까지도 그 비밀을 밝혀내지 못했어. 어쨌든 이렇게 섞은 뜨거운 금속을 돌로 만든 거푸집에 넣어 단단히 동여맨 다음 완전히 굳을 때까지 기다렸다가 떼어 내어 다듬으면 청동검 완성!

다음은 미송리식 토기. 평안북도 의주군 미송리에서 발견되어 이런 이름이 붙었어. 토기 모양을 보면 고조선 사람들이 얼마나 실용적인지 알 수 있어. 밑바닥은 넓적하니 안전하고, 몸체는 불룩해서

청동기 제작 과정

❶ 쇳물 만들기 – 센 불에서 구리와 주석을 녹여 쇳물을 만든다.

❷ 거푸집에 쇳물 붓기 – 거푸집 구멍 속으로 쇳물을 붓는다.

❸ 끝손질 – 거푸집이 식으면 꺼내어 원하는 모양으로 다듬는다. 칼이나 창은 날을
세우는 끝손질을 거쳐야 한다.

넉넉하고, 아가리는 넓어서 물건을 넣고 꺼내기에 좋
았지. 그런데다 손잡이까지 달려 있어 잡기도 좋아서
친절한 그릇이었어. 사용하기에 아주 편리했기 때문
에 미송리 지역에서 만든 형태의 토기가 널리 쓰이
고 인기가 있었지.

　그런데 빗살무늬 토기처럼 무늬가 없어서 밋
밋하다고? 신석기 시대에는 불과 흙을 다루는 기
술이 아직 덜 발달했기 때문에 무늬를 넣을 수밖에 없

미송리식 토기

었어. 터지는 것을 막기 위해 미리 무늬를 넣은 거거든. 그런데 청동기 시대에는 무늬를 넣지 않아도 터지지 않을 정도로 기술이 늘었고 두껍게 빚지 않아도 더 단단했어.

탁자식 고인돌, 비파형 청동검과 미송리식 토기를 쓰던 사람들이 살던 곳을 고조선 영역이라 할 수 있는데 지도로 확인해 보렴. 고조선은 드넓은 만주까지 그 흔적을 남겼던 사람들이란 걸 한눈에 알 수 있을 거야.

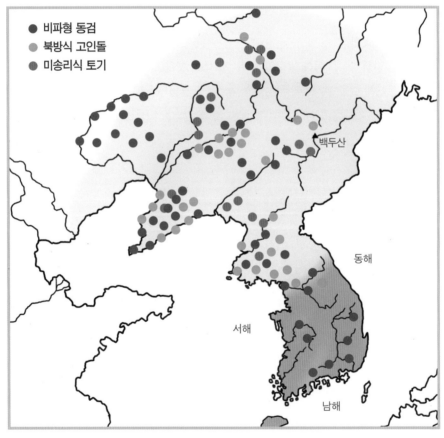

고조선 문화 영역

청동으로 빚은 예술품

청동으로 만든 게 칼만은 아니었단다. 너희들은 우리가 푸른색이라서 청동이라 하는 줄 아는데 그건 오해야. 원래 구리의 색깔은 황금색이야. 그러니까 얼굴을 비추는 거울을 만들었던 거지. 원래 푸른색이었다면 얼굴이 보였겠어? 우리가 오래되면 녹이 파랗게 끼게 되어 그런 건데, 나중에 우리를 발견한 사람들이 그걸 보고 청동기라고 부른 거야.

앞에서 고조선의 청동기는 특급 비법으로 아연이 들어가 더 빛이 나고 단단했다고 했잖아? 그뿐만이 아냐. 손재주도 얼마나 기가 막혔는데? 그걸 보여 줄게, 너무 놀라지 마! 청동거울 나와라, 얍!

이 청동거울은 부족장의 목에 걸려 얼굴을 비추기도 했지만 더 중요한 역할은 거울의 뒷면이 했어. 태양을 뜻하는 둥근 원 모양의 거울은 크기가 20센티미터 정도밖에 안 되는데 머리카락 굵기보다 더 가느다란 선이 1만 3000개 이상 그려져 있어. 원 모양, 삼각 모양, 마름모 모양의 잔무늬를 촘촘하게 새겨 넣었는데, 이 잔무늬에 해가 비치면 사방으로 빛이 퍼져 나갔어. 청동거울은 부족장의 가슴에서 작은 태양이 되어 사방팔방으로 빛을 비췄던 거지. 하늘의 뜻을 전하는 제사장의 위엄이 느껴지지 않니? 청동거울은

머리카락보다 가는 선이 1만 3000개가 넘어!

청동거울

바로 그걸 보여 주기 위한 도구였던 거야.

그런데 이토록 세밀한 문양을 어떻게 그려 넣었을까? 돌 거푸집에 이런 무늬를 직접 손으로 새기려면 상당한 기술이 있어야 했을 거야. 지금의 과학자들도 놀라는 솜씨로 얼마 전까지 컴퓨터로도 재현이 어려웠대. 세계인이 알아주는 한국인의 손재주가 여기서부터 시작된 거 아니겠어?

청동방울도 다시 한 번 볼까? 저 방울은 부족장이 하늘에 제사를 올릴 때 쩌렁쩌렁 울리며 사람들의 마음을 경건하게 만들었지. 그런데 소리를 내는 작은 방울은 그보다 조금 더 큰 방울 속에 어떻게 넣었던 걸까? 큰 방울이 굳기 전에 넣으면 서로 붙어 버렸을 거고 굳은 다음엔 넣기 힘들었을 텐데, 들어간 구멍도 보이지 않고 말이야. 정말 대단한 기술자들이잖아? 그래서 청동 기술자들은 특별대우를 받았지. 하지만 특급 비밀을 다른 나라에 빼돌리면 아주 큰 벌도 받았을걸? 고조선의 청동 기술은 국가기밀이었을 테니까.

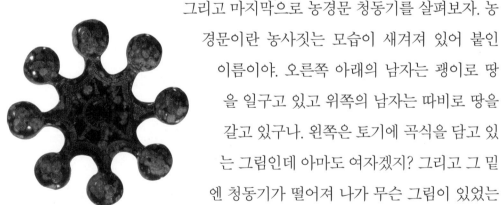

팔주령

그리고 마지막으로 농경문 청동기를 살펴보자. 농경문이란 농사짓는 모습이 새겨져 있어 붙인 이름이야. 오른쪽 아래의 남자는 괭이로 땅을 일구고 있고 위쪽의 남자는 따비로 땅을 갈고 있구나. 왼쪽은 토기에 곡식을 담고 있는 그림인데 아마도 여자겠지? 그리고 그 밑엔 청동기가 떨어져 나가 무슨 그림이 있었는지 알 수는 없는데 짐작은 해 볼 수 있을 것 같아.

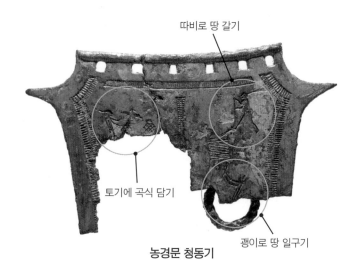

따비로 땅 갈기

토기에 곡식 담기

괭이로 땅 일구기

농경문 청동기

아마 돌절구로 곡식을 찧어 껍질을 벗기는 그림이 아니었을까? 그런데 이 청동문은 어디에 쓰인 물건이었을지 궁금하네. 위쪽에 구멍이 뚫린 것으로 보아 걸어 두는 그림이 아니었을까 싶어. 하늘에 감사드리는 제사를 지낼 때 걸어 두면 반짝반짝 빛이 나서 사람들을 더 흥겹게 했을 테지?

이상! 여기까지가 청동기 시대의 이야기였어. 나는 이제 그만 박물관으로 돌아가야겠다. 내가 없어진 걸 알면 박물관은 아마 발칵 뒤집힐 거야. 그러니 빨리 돌아가 제자리에 척 누워야겠어. 얘들아, 안녕!

뭐라고? 아직 이야기를 다한 것 같지 않다고? 아차차, 고조선의 역사를 마무리하지 않았구나. 그 이야긴 호락호락 토론방에 모여서 하자. 빨리빨리 다들, 호락호락 토론방으로 모여!

저자가 직접 강의하는 호락호락 한국사 4장
왼쪽의 QR코드를 찍어서 저자의 강의를 들어 보세요!
만약 QR코드가 안 될 경우에는 아래 링크로 들어오세요.
http://blog.naver.com/damnb0401/221058681032

토론 주제 : 고조선은 왜 망한 걸까?

토론자 : 청동검 , 그렇군 과 딴지양

고조선이 망했어요? 언제요? 왜요?

허, 이 친구 성격 정말 급한데? 나라도 태어나서 이런저런 위기를 겪고 그것을 잘 견디면서 번영을 누리다가 기운이 다하면 멸망하는 거지. 어느 시대 어느 나라나 다 그랬어.

고조선은 땅도 넓고, 질서도 잘 잡히고, 무기도 훌륭했다면서 왜 망한 건데요?

차근차근 그 이야기를 할 테니 잘 들어 봐. 중국은 500년이 넘게 작은 나라로 갈라져 싸우고 있었다고 했잖니? 그 오랜 전쟁에서 밀린 연나라 사람들이 고조선 땅으로 도망을 왔는데 그중에 위만이라는 사람이 있었어. 그 사람은 고조선 사람처럼 상투를 틀고 들어와 고조선의 왕이었던 준왕에게 나라를 지키는 병풍이 되겠다고 했어. 그러자 준왕은 위만을 서쪽 변방을 지키는 우두머리로 삼았지. 고조선은 여러 부족이 힘을 합치는 나라라 별 의심 없이 위만을 받아들였던 거야. 그런데 왕이 되려는 야심을 품은 위만은 한나라가 쳐들어오자 왕을 지키러 오겠다는 거짓말을 했어. 이번에도 별 의심 없이 궁궐 문을 열어 주었다가 준왕은 남쪽으로 쫓겨 가고 말았지.

어머나, 은혜를 배신으로 갚은 거네요. 그렇게 고조선이 망한 거구나. 새로 생긴 나라 이름은 뭐예요?

아니, 아니야. 딴지양. 더 들어 봐. 위만이 준왕을 내쫓긴 했지만 나라가 망한 건 아니었어. 왕과 몇몇의 신하만 바뀌었을 뿐이지. 그리고 배신으로 왕이 되긴 했지만 위만은 힘과 지략이 뛰어나서 따르는 무리도 많았고 전쟁도 잘했기 때문에 수천 리에 이르는 땅을 정복해서 나라의 힘을 키웠어.

와아~ 야심만 컸던 게 아니라 진짜 실력도 있었네요. 멋지다~.

그래서인지 위만의 손자인 우거왕은 단 한 번도 한나라에 머리를 조아린 적이 없었어.

햐아, 그것도 멋진데?

한나라가 힘이 셌을 텐데 괜찮았나요?

처음 한나라가 세워질 때는 북쪽의 기마 민족인 흉노 세력이 워낙 세서 숨죽이고 있었지만 7대 황제인 무제 때부터는 상황이 달라졌어. 무제는 골칫거리였던 흉노를 제압하더니 뻣뻣하게 구는 고조선을 영 못마땅하게 여기기 시작했지. 고조선 주변의 여러 나라들이 고조선의 눈치를 보

흉노
중국 북쪽의 사막과 초원에서 생활하던 기마 민족이야. 이들의 침입을 막기 위해 만리장성을 쌓았단다.

면서 한나라와 마음대로 왕래도 하지 못했거든. 게다가 무제는 고조선이 흉노와 힘을 합치지 않을까 하는 걱정도 했던가 봐.

그럼, 바로 전쟁이 일어난 건가요?

아니. 일단 '섭하'라는 사신을 파견해서 우거왕을 설득하려 했어. 그런데 고조선의 우거왕이 무제의 명령을 받아들이지 않았지.

무슨 명령이었기에 그랬을까? 한나라 무제는 세계사에도 나오는 정복왕이던데……. 그런 왕에게 겁도 없이 대들다니 이제 큰일이 나겠네요, 나겠어.

무슨 명령이었는지 기록되어 있지 않아 모르겠지만 아마 우거왕이 들어주기 어려운 명령이었겠지. 그리고 대들었다기보다는 한나라의 명령을 거절할 만큼 배짱과 **기백**이 있었던 거 아닐까? 우거왕의 할아버지, 그러니까 위만이 왕이었을 때 중국의 철기 문명을 적극적으로 받아들여 군사도 강해지고 경제도 상당히 발전했기 때문에 우거왕은 큰소리를 칠 수 있었거든.

자, 잠깐만요. 고조선이 청동기만 사용했던 게 아니라 철기도 사용했단 거예요? 철기 시대까지 고조선이 있었던 거라고요?

아무렴, 고조선은 오랜 역사를 가진 나라라니까! 그런데 어디까지 이야기했더라?

'우거왕이 큰소릴 쳤다'까지요.

어, 어 그래. 그런데 전쟁의 시작은 어쩌면 섭하 때문이었는지도 몰라. 섭

기백
씩씩하고 굽힘이 없는 모습이지.

하는 우거왕을 설득하지 못하고 빈손으로 돌아가게 됐지. 그래서 화가 나서인지, 일부러 그런 건지는 몰라도 섭하는 잘 돌아가시라는 인사를 하던 고조선의 장수를 죽이고 가 버렸어.

어머머, 배웅하던 장수를 죽였다고요? 무슨 그런 말도 안 되는…….

한나라 사신이 고조선 장수를 죽였으면 외교적으로 큰 사건이 일어난 거네요. 이렇게 큰 사고를 쳤으니 돌아가서 무제에게 무지하게 혼났겠는데요?

그런데 그게 아니었으니 더 큰 문제였지. 오히려 무제는 섭하를 칭찬하고 고조선 코앞에 있는 요동의 책임자로 임명했어. 한나라가 외교적으로 심각한 잘못을 했는데도 사과는커녕 섭하를 중요한 자리에 앉힌 것에 화가 난 우거왕도 가만있지 않았지.

어, 어떻게 했는데요?

요동을 기습 공격해서 섭하를 죽여 버렸어.

헐~ 이제 정말 전쟁이 벌어질 거 같다~.

맞아. 마치 기회를 노리고 있었던 것처럼 한나라는 **기원전** 109년 전국의 죄수들을 다 모아서 5만의 수군을 침략군으로 보냈고, 뒤이어 육군도 보냈어. 그러나 번번이 고조선의 계략에 걸려 크게 패하고 말았지. 한나라 수군 대장은 **왕검성**을 공격했다가 군사를 다 잃고 산속에서 열흘을 숨어 있기도 했대.

기원전
연도는 예수의 탄생을 기준으로 기원전, 기원후로 나누었어. BC는 Before Christ를 줄인 것으로 예수가 태어나기 전이라는 뜻이야. AD는 Anno Domini의 줄임말로 예수가 태어나 주님의 해가 되었단 뜻이래.

왕검성
고조선의 도읍지야.

고조선의 군인들이 엄청 잘 싸웠나 봐요?

그럼! 한나라의 수군과 육군이 군사를 너무 많이 잃고 계속 지기만 해서 무제가 단단히 화가 났을 정도니까. 이렇다 할 전과를 올리지 못하자 무제는 우거왕을 설득하려고 다시 사신을 보냈어.

우거왕이 이번엔 제안을 받아들였나요?

음, 하지만 협상은 번번이 깨지고 말았는데 그럴 때마다 무제왕은 일을 그르친 사신을 처형했단다.

어~ 실패한 사신을 처형한 걸 보니 무제는 전쟁을 평화적으로 해결하고 싶었나 본데요?

그랬을 거야. 아무리 정복왕이지만 전쟁이 길어지면 한나라에 유리할 게 없었으니까.

전쟁을 시작한 건 무제인데 애쓴 신하들만 죽인 거 같은데요?

그렇긴 한데 고조선과 한나라의 전쟁은 지루할 정도로 오래 끌긴 했어. 하지만 전쟁이 길어지자 고조선 쪽에서도 염려했던 일이 벌어졌지. 고조선의 높은 관리들 사이에서도 의견이 나뉘었거든. 어떤 신하는 힘을 보태도 어려울 판에 제 부족만 살겠다고 남쪽으로 내려가 버리기도 했고, 어떤 이들은 전쟁이 끝나면 더 높은 지위와 재물을 받기로 하고 몰래 한나라에 투항하기도 했으니까. 여러 부족이 모여서 이루어진 나라라 배신이 쉬웠던 거지. 그뿐만이 아냐. 잘 싸우고 있는 우거왕을 죽이는 사건도 일어났어.

네에? 자기편 왕을 죽이고 전쟁을 끝냈다고요? 어이가 없네. 총사령관이 죽었으니 이 전쟁은 끝난 거네, 끝난 거야.

그런데도 전쟁은 끝나지 않았어.

안 끝났다고요? 왕이 죽었는데도요? 아, 태자가 싸웠구나!

아니, 끝까지 싸운 건 태자가 아니야. 성기라는 장수가 고조선 백성을 이끌고 격렬하게 맞서 싸웠지. 끝이 보이지 않는 전쟁에 질린 한나라 장수는 이미 항복해 온 태자를 몰래 고조선으로 보냈어. 태자는 희생만 커질 것이라면서 백성들을 꾀어 성기를 죽이게 만들었지. 마침내 기원전 108년 고조선은 장대한 막을 내리고 말았어.

참 기가 막히다. 아버지가 죽음으로 지킨 나라를 태자가 배신하다니…….

그렇지? 싸우다 장렬히 전사했다 이래야 되는 거 아냐? 그런데 끝까지 싸우던 장수의 뒤통수나 쳤다니? 어이가 없네.

내 말이!

야~ 우리, 오늘 좀 통하는 거 같다, 그치?

흠흠……. 이 얘길 해야 하나, 말아야 하나?

뭔데요? 궁금하니까 빨리 말해 주세요.

고조선을 배신한 태자와 관리들은 모두 한나라의 관직을 받고 재물까지도 받았다더구나.

한마디로 쭈욱 잘 먹고 잘 살았다는 거네. 에이, 더러운 배신자들…….

백성들은 어찌 됐어요?

전쟁에 진 포로들은 끌려가서 노비가 되는 거지, 뭐…….

백성들만 불쌍하게 됐네요. 그걸로 다 끝난 건가요?

고조선 땅엔 한나라 군대가 네 곳에 주둔했지. 그러나 30여 년 만에 다 쫓겨나고 낙랑군만 남았다가 나중에 세워진 고구려에게 망했어. 그런데 이 전쟁은 참 이상한 것이 전쟁이 끝났는데도 공로를 인정받은 한나라 장수가 하나도 없었다는 거야. 오히려 잘못한 게 많았다고 무제에게 죽임을 당했단다. 사마천은 험난한 요새에 있었던 고조선의 우거왕이 지나치게 자신만만하여 나라를 멸망에 이르게 했다고 했지만 아무도 공을 세운 사람이 없었다고 기록했어. 한나라가 전투력으로 승리한 것이 아니란 걸 밝힌 거지.

그럼 뭐로 이긴 건데요?

고조선의 높은 관리들을 재물과 권력을 주겠다고 꾀어내는 작전으로 겨우 겨우 이겼던 거 아닐까?

그럼, 해볼 만한 전쟁이었단 거네요. 내부에 배신자만 없었다면…… 어쩌면?

어쩌면 고조선이 이겼을지도 모른다고? 그건 아닐 거 같아. 저번에 만화책에서 봤는데 한나라 무제는 엄청 싸움을 잘해서 중국 땅을 확 넓힌 정복 왕이라던데? 그래서 한나라를 꼼짝 못 하게 하던 흉노도 중국 땅에서 쫓아내던걸?

그럼 그렇지. 어째 너랑 나랑 잘 통한다 했다! 여기서도 내부 분

열이 시작되는 거네~.

자, 자, 애들아. 내부 분열은 강한 나라도 쓰러뜨리는 청동검보다 무서운 무기란 걸 들었잖니? 나는 이만 박물관으로 돌아간다. 휘리릭~.

나보고 성격 급하다더니 인사할 새도 없이 가 버리네.

휘리릭~ 나도 저렇게 한 번 해 봤으면 좋겠다!

휴우~ 남자애들은 못 말린다니까. 꿈 깨셔!

남이야 꿈을 꾸건 말건! 휘리릭~ 휘리릭~.

고조선, 장렬하게 죽다

한나라에게 고분고분하지 않는 고조선의 우거왕을 설득하러 왔다가 실패한 섭하는 배웅 나온 고조선의 장수를 죽이고 달아나 버렸다.

벌을 받을 줄 알았던 섭하가 오히려 요동 책임자가 되자 우거왕은 기습 공격으로 섭하를 죽여 보복했다.

5만이나 되는 한나라의 수군과 육군이 왕검성으로 몰려들었으나 고조선군은 이들을 크게 물리쳤다.

승리를 장담했던 한나라 무제는 크게 당황하여 패전한 장수들의 목을 베기에 바빴다.

그러나 전쟁이 길어지자 고조선의 높은 관리들은 자신들의 안전과 이익을 보장해 준다는 한나라 쪽과 몰래 오가며 우거왕을 배신했다.

자신만만하게 전쟁을 이끌던 우거왕은 전쟁이 한창이던 어느 깊은 밤, 배신자들이 보낸 자객의 칼에 죽고 말았다.

전쟁을 이끌던 총사령관인 우거왕이 죽었는데도 고조선의 백성들은 성기 장군과 함께 끝까지 싸웠다. 누가 고조선의 진정한 주인인지 드러나는 순간이었다.

결국 성기 장군은 배신자들의 칼에 쓰러지고 마지막 지휘자를 잃은 고조선은 오랜 역사를 끝내야 했다.

고조선의 땅에 한나라의 군대가 들어오고 백성들은 그들의 노비가 되어 끌려갔으나 배신자들은 지위가 높아지고 상을 넉넉하게 받았다.

고조선이 사라졌지만 전쟁에서 공을 세워 상을 받은 한나라 장수는 아무도 없었다. 오히려 치욕스런 참패를 당했다며 처형되고 말았다.

고조선의 멸망은 억울하다

고조선은 청동기 시대에 세워진 국가였는데 철기 문명까지 받아들여 한나라와 힘을 겨룰 정도였다. 5만의 한나라 군대도 크게 물리쳤다니 우리가 생각한 것보다 정말 강했나 보다. 그런데 전쟁이 길어지니까 높은 관리들과 다음 왕이 될 태자까지 배신했다. 배신자들은 전쟁이 끝난 뒤에 더 높은 벼슬을 받고 땅도 많이 받았다고 한다. 이 이야기를 듣다가 깜짝 놀랐다. 고조선의 관리들이 조선이 일본의 속국이 되었을 때 일본한테 빌붙어서 작위도 받고 돈도 받았다는 조선의 관리들하고 똑같았기 때문이다.

한반도의 첫 나라가 전쟁에 크게 져서 망한 것이 아니라 배신자들 때문에 멸망했다는 게 너무 어이없고 아쉽다. 똘똘 뭉쳐서 죽기 살기로

싸웠다면 고조선은 더 오래 이어졌을지도 모른다. 그리고 이 전쟁은 우거왕이 시작한 것도 아니다. '섭하'라는 한나라 사신이 자기 말을 안 들어준다고 화가 나서 고조선의 장수를 죽였기 때문에 시작된 거다. 사신이라는 사람이 조폭처럼 배웅하는 사람을 죽이다니 말도 안 된다. 그런 사람을 한나라 무제가 약 올리듯이 높은 자리에 앉혔으니 누구라도 보복하고 싶었을 거다.

고조선이 먼저 전쟁을 시작한 것도 아니고 전투에서 진 것도 아닌데 멸망한 것이 너무 억울하다.

댓글 4개　　댓글을 입력해 주세요.　　등록

✓ 인기순 최신순

고조선이 철기까지 이어진 강한 나라였다고? 그런데 왜 우리가 배우는 교과서엔 그런 이야기가 없는 거지? 그 기록이 사마천의 『사기』라고 했냐? 꼭 읽을게. 정말 흥미진진했어.

야~ 뭐, 그런 태자가 다 있냐? 나라를 팔아먹는 낙랑공주 이야기는 들어 봤어도 나라 팔아먹는 태자 이야긴 처음 들어 본다. 고조선에 망조가 들긴 들었네, 흠~

너무 나쁘게만 보지 마세요. 그 태자는 전쟁에 이길 수 없다고 판단해서 더 큰 희생을 막으려고 그런 거 아닐까요? 한나라의 제후가 되지만 나중에 반란을 일으켜 죽거든요.

어머, 너무 좋게만 보지 마셔요. 한나라가 태자에게 약속했던 걸 지키지 않아서 그랬던 거 아닐까요? 한 번 배신자는 영원한 배신자거든요.

우거왕의 지나친 배짱

고조선이 멸망한 이야기를 들으면서 그렇군과 통하는 부분이 있어 참 좋았다. 그런데 마지막에 '한나라를 이길 수 있었느냐, 없었느냐'에서는 역시나 생각이 달랐다. 그렇군은 전쟁 이야기가 나오니까 눈이 반짝반짝해졌다. 하지만 나는 전쟁 이야기가 나오면 피 흘리는 사람들이 보이는 거 같아 마음이 아프다. 그래서 전쟁이 무조건 싫고 오래 끄는 건 더더욱 싫다. 전쟁을 오래 끌면 백성들이 더 많이 다치기 때문이다.

지도를 보니까 고조선도 크지만 한나라는 더 큰 나라라 사람도 훨씬 많았을 것 같다. 그리고 한나라의 무제는 정복 왕이라 불릴 만큼 전쟁을 잘 했다니 우거왕이 처음엔 이겼다 하더라도 결국 지고 말았을 것이다. 그러니 우거왕은 무제가 좀 건방지게 굴어도 참아야 했다. 한 나라의 왕이라면 백성들 목숨을 지켜 줘야 하기 때문이다. 그런데 무제의 설득도 안 받아들이고 신하들이 한나라와 평화롭게 지내자고 했는데도 계속 전쟁만 고집했다. 그러다 신하들과 자기 아들까지 배신했는데 눈치도 못 채고……. 나는 우거왕이 지나친 배짱을 부리다 고조선이 망한 것이라고 생각한다.

한나라와 싸우지 않고 잘 지냈더라면 고조선은 더 오래 이어졌을 텐데……. 참 아쉽다.

댓글 4개

[댓글을 입력해 주세요.] [등록]

✓ 인기순 최신순

🙂 중국은 크고 강한 나라야. 그래서 주변의 나라들이 다 섬기는 척하면서
평화롭게 지냈지. 이길 수 없으면 아예 전쟁을 시작하지 말든지,
빨리 항복을 하고 희생을 줄이는 게 최고다.

🙁 너무 우거왕만 탓하는 거 같은데……. 배신자들이 몰래 항복한 것이
가장 큰 멸망의 이유라고는 생각 안 해 봤어? 작은 나라가 큰 나라의 수십
배나 되는 군사를 막아 내며 이긴 전쟁은 생각보다 많아. 전쟁에서 이기고
지는 것은 숫자가 아니라 이기겠다는 마음이라고!

😠 왕이나 높은 사람은 전쟁을 지휘하지 직접 싸우지는 않잖아?
전쟁이 일어나면 백성들만 억울하게 죽었어. 백성들이 평화롭게 살게
해 줘야 좋은 왕 아니냐? 폼 나게 배짱부리다간 백성만 다친다니까!

😁 에구~ 전쟁에 지거나 항복하거나 다 노비로 끌려가긴 마찬가지였네요.
욕심 사나운 전쟁광 한나라 무제가 흉노 다음으로 고조선을
노리고 있었기 때문에 전쟁은 피할 수 없었을걸요.

청동기인은 모든 것을 힘으로 결정했지

청동기를 사용하게 되자 전쟁이 자주 일어나 힘을 가진 자가 약한 자를 지배하는 계급 사회가 되었어. 신석기 시대 마을과 청동기 시대 마을의 상상도에서 무엇이 달라졌는지 찾아보면 청동기 시대가 어떤 사회였는지 확실하게 이해될걸!

● 위쪽은 신석기 주거지, 아래쪽은 청동기 주거지야. 무엇이 달라졌는지 찾아보렴.

_____

_____

_____

_____

신석기 마을

청동기 마을

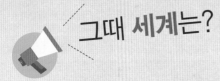

그때 세계는?

이곳에서 세계의 문명이 시작되었어

인류는 고단한 사냥 대신 강가에 모여 농사를 짓기 시작했어. 점점 사람들이 많아져 도시가 생겨나고 도시는 더 커져 제국이 되면서 거대한 문명이 일어났지. 세계사에서는 네 곳에서 일어난 문명을 '세계 4대 문명'이라고 한단다. 황하에서 문명이 일어날 즈음 우리도 고조선이라는 나라가 세워졌지.

메소포타미아 문명

비옥한 두 강 사이에 일어난 가장 오래된 문명이야. 사방이 뚫린 풍요로운 곳이라 전쟁이 자주 일어나 아주 복잡했어. 그래서 함무라비 왕은 '이에는 이, 눈에는 눈' 이라는 무서운 법을 만들어 다스렸지.

이집트 문명

피라미드와 미라를 만들어낸 문명이야. 바다와 사막으로 둘러싸여 오랫동안 평화로웠어. 태양신을 숭배하고 천문학과 의학이 발달한 문명이었지.

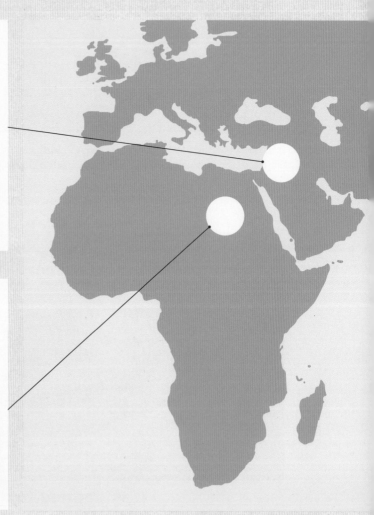

황하 문명

황하 강가에서 일어난 문명이야. 거대한 궁궐 터와 무덤이 발견되었어. 한자의 기원이 되는 갑골 문자와 하늘에 제사를 지냈던 청동 제기도 발견되었지.

인더스 문명

벽돌로 거대한 도시를 만든 문명이야. 공동 목욕탕과 곡물 창고, 하수 시설이 잘 만들어 져 있었는데 집집마다 수세식 화장실까지 있었다는구나.

연표

150억 년 전 ──● 우주 대폭발!

46억 년 전 ──● 지구 탄생!

35억 년 전 ──● 최초의 생명체, 박테리아 탄생

5억 7천만 년 전 ──● 삼엽충 등 바다 생물의 번성

3억 년 전 ──● 이끼의 육지 상륙

2억 4천 5백만 년 전 ──● 공룡 등장

6천 5백만 년 전 ──● 포유류 등장

350만 년 전 ──● 오스트랄로피테쿠스의 힘겨운 나날

200만 년 전	돌로 도구를 만드는 호모 하빌리스
180만 년 전	걸어서 전 세계로 퍼져나간 호모 에렉투스
20만 년 전	상상력을 갖기 시작한 호모 사피엔스
4만 년 전	현생 인류와 거의 비슷한 호모 사피엔스 사피엔스
70만 년 전	한반도에 구석기인 도착
30만 년 전	경기도 연천 전곡리 구석기 유적
기원전 8000년경	신석기 시작
기원전 5000년경	서울 암사동 신석기 유적
기원전 2333년	고조선 건국(『삼국유사』 참조)
기원전 1500~ 2000년경	청동기 시대 시작
기원전 108년	고조선 멸망

✖ 찾아보기 ✖

ㄱ

가락바퀴 • 89, 92
간석기 • 76, 120
간접떼기 • 55, 71
갈돌 갈판 • 86, 87, 92
갑각류 • 22
개천절 • 140
광합성 • 19, 20, 24, 31, 42
고인돌 • 126, 129, 130, 131, 146, 148
고조선 • 136, 137, 139, 140, 141, 142, 144, 145, 146, 148, 149, 150, 151, 160
공주 석장리 • 54, 70
구름층 • 17
구릉지대 • 132
그물추 • 79
긁개 • 56, 67, 71

ㄴ

녹색 조류 • 19, 20, 21, 31, 37, 38
농경문 청동기 • 150, 151
눌러떼기 • 55, 71

ㄷ

다윈 • 33, 34
단군신화 • 136, 139, 140
단군왕검 • 137, 139, 140

단양 구낭굴 • 54, 70
단양 금굴 • 54, 70
단양 수양개 • 54, 70
대롱 • 79
돌괭이 • 84, 92, 134
돌보습 • 84, 92
돌절구 • 135, 151
두루봉 동굴 • 54, 59, 64, 66
두족류 • 21, 22
따비 • 134, 150, 151
뗀석기 • 49, 55, 59, 60, 68, 72, 76

ㅁ
마그마 • 16, 17, 18, 38
막집 • 56, 60, 85
망루 • 132, 133
매머드 • 26, 49
메소포타미아 문명 • 168
모루떼기 • 55, 71
미늘 • 78, 79
미송리식 토기 • 146, 147, 148
민무늬 토기 • 135
밀개 • 56, 71

ㅂ
박테리아 • 18, 19, 30, 31, 36, 38, 40, 42
반구대 암각화 • 81, 93, 96, 100, 102, 103, 107, 109,
    112, 113, 114
반달 돌칼 • 134
부구 • 106
빅뱅 이론 • 13, 29, 40
빌레못 동굴 • 54, 70
빗살무늬 토기 • 86, 87, 147

ㅅ

삼국유사 • 137, 139, 140

삼랑성 • 140, 141

삼엽충 • 21, 32

선사 시대 • 100, 113, 114, 118

석회암 • 63, 65

슴베찌르개 • 56, 57, 61, 66, 71, 79

시아노박테리아 • 31, 32, 38

신석기 혁명 • 82, 83, 91

신시 • 136, 138

쐐기 • 130

ㅇ

양서류 • 24

연천 전곡리 • 54, 70

연체동물 • 21

오스트랄로피테쿠스 • 47, 53, 73

온성 동관진 • 54, 70

왕검성 • 155, 160

움집 • 77, 85, 86, 87, 88, 91, 92, 119, 133

원시인 • 48, 53, 63, 105

이산화탄소 • 16, 20

이집트 문명 • 168

인더스 문명 • 169

일연 • 139, 140

ㅈ

제천행사 • 135

종 • 13, 35, 47

주먹도끼 • 56, 61, 67, 71

직접떼기 • 55, 71

진화 이론 • 13

ㅊ

참성단 • 140, 141
천부인 • 136, 137
청동거울 • 128, 137, 149
청동검 • 125, 126, 127, 128, 136, 137, 146, 148, 152, 159
청동방울 • 128, 129, 137, 150
천지창조설 • 30

ㅍ

파충류 • 25
평양 검은 모루 동굴 • 54, 70
포유류 • 26, 28, 34, 37, 101
풍어제 • 106
풍화 작용 • 108

ㅎ

행성 • 14, 15, 16
호모 사피엔스 • 51, 53, 73
호모 사피엔스 사피엔스 • 52, 53, 73
호모 에렉투스 • 50, 53, 73
호모 하빌리스 • 48, 53, 73
화덕 • 86, 87
활비비 • 86, 87
황하 문명 • 169
황화수소 • 30, 31
흉노 • 153
홍수아이 • 54, 58, 60, 64, 66, 67, 82

✖ 참고한 책들과 사진 출처 ✖

〈참고한 책들〉

• 어린이 책

『박테리아 할머니 물고기 할아버지』(창비)

『별은 왜 반짝일까』(다섯수레)

『생명의 역사』(시공주니어)

『용선생 시끌벅적 한국사』(사회평론)

『생명 탐험대, 시간 다이얼을 돌려라』(토토북)

• 어른 책

『삼국유사』(한국인문고전연구소)

『사피언스』(김영사)

『사기』(서해문집)

『세계신화여행』(실천문화사)

『HD역사 스페셜』(효형출판)

『한국생활사박물관』(사계절)

『현실, 그 가슴 뛰는 마법』(김영사)

〈사진 출처〉

국립중앙박물관

문화재청

한국학중앙연구원

충북대학교 박물관

한국민족문화대백과사전

울산암각화박물관

단양군청

두피디아

셔터스톡

위키백과

뭉치는 이 책에 수록된 사진이나 자료의 출처와 저작권자를 찾기 위해 최선을 다했습니다.
혹시 문제가 있다면 언제든지 연락 주시기 바랍니다.